学力テスト体制とは何か

山本由美

花伝社

学力テスト体制とは何か——学力テスト・学校統廃合・小中一貫教育◆目次

はじめに

本書は、新自由主義教育改革、あるいは学力テスト体制と呼ばれるものの、全体的な仕組みについて概観することを目的としたものである。

今日、さまざまな教育改革が矢継ぎ早に教育現場にふりかかってくる。全国学力テスト、学校選択制、学校統廃合、小中一貫教育、あるいは、学校二学期制は、それぞれどのような意図で行われるのか。あるいは、なぜ教育基本法は改正されなければならなかったのか。

それらの制度を進める政策意図が明らかになり、個々の制度の持つ関係性や改革の全体像が見えてくれば、保護者や教職員などは改革の渦中にいることの大変さは変わらなくとも、少なくとも多少は不安でなくなるかもしれない。わけのわからないことで追いつめられるのは耐えがたいことだから。なによりも、保護者も教職員も、「教育改革」の全体像を共有し、お互いの困難について共通の理解をひろげることができるならば、それは、今日の子どもにふりかかっている困難を打開する出発点になるのではないかと思うのである。

個々の制度は、パズルのように組み合わされた、予想以上に大がかりな仕組み――新自由主義教育改革――のパーツである。そしてそれは、決して子どもや教師の現実や要求から出発したものではない。また、財界、政府と文部科学省は、改革を進める上で必ずしも一枚岩ではない。

第1、2章では、この学力テスト体制の大まかな全体像について、第3章では、新自由主義的な学校統廃合の全国的な動向について、第4章では、近年、急速に拡大しつつある小中一貫教育について先行的な三鷹市のケースを中心に述べる。そして第5章では、二〇〇八年を契機に劇的な〝見直し〟が始まった学校選択制について、全国で初めて廃止を決定した前橋市のケースに即して述べたい。第6章以降は、個々の制度について各論的に述べ、最後に改革の対抗軸を模索している。

日本の新自由主義教育改革は、学校選択制から始まった。しかし、財界や政府の提唱にもかかわらず、首都圏以外ではそれほど拡大してこなかった。日本の場合、実はその学校選択制は学校統廃合を強力に推進する手段として利用されてきたことは特徴的である。しかし、この制度は地域の教育力を弱めるなどデメリットも多く、今回の〝選択制見直し〟につながったのである。そして、その選択制の位置に、小中一貫教育がとって代ろうとしている。

新自由主義教育改革は、平気で人をだますことを特徴とする。近代資本主義の確立とプロテスタンティズムの精神が分かちがたくあったことになぞらえれば、新自由主義に見合う心性は、モラルのなさなのかもしれない。

例えば、群馬県前橋市では、「全ての教科を専門教科の教師が担当するための望ましい学校規模は一学年四学級以上である」と教育委員会は平気でウソをいったりした。多くの中学校の保護者たちは、専門外を教える教師だけは避けたいと統廃合を受け入れてしまう。しかし今の日本で全校一二学級ある中学校は普通であり、教員配置の基準からして、教育委員会のいうことはあり得ない。

同じように、三鷹市で、あるいは他の多くの自治体で「小中一貫教育は、中一ギャップ（不登校の出現などにつながるとされる）の解消のために行う」と、何の根拠もなしに説明がされている。これは、大がかりなごまかしなのではないだろうか。そのようなことが、十分な検証もなしに次々と行われている。

また、新自由主義教育改革は子どもにダメージを与える。絶えざる評価や共同の分断や、地域との断絶は、子どもの十全な成長、発達を妨げ傷つける。さらに、改革は、親を不安にさせて共同させないようにする仕組みでもある。孤立した親たちは、子どもを競争させ、競争から降りたり、あるいは競争したくない子どもを否定したりする。子どもたちは、さらに傷ついてしまう。親や教師たちには、子どもの成長・発達を阻害する存在になってほしくはない。

筆者は、教育行政学を専門とするため、子どもへのダメージや教育内容面での改革については本書はラフなスケッチとなっている面は否めない。しかし、各地の改革を調査する中で、実感したそのような問題点が伝えられたら幸いである。

I 学力テスト体制

第1章　学力テスト体制とは何か

1　全国一斉学力テストの意味

二〇〇九年四月、第三回全国学力テスト（全国学力・学習状況調査、以下「全国学テ」）が実施された。過去二回、唯一参加しなかった犬山市が参加したことで、公立小中学校実施率は一〇〇％になった。愛知県犬山市では、〇六年に当選した学テ賛成派の市長が、教育委員の入れ替えや定数を増やす条例改正までして、教育長、教育委員会の反対を押し切って導入したのだった。足立区の学校現場での実施不正行為を訴える反対運動や七〇億円という税金の無駄遣いだという批判的な世論にも関わらず、政府、文科省はこの制度を着々と定着させてきた。

これは、いったい何のための学力テストなのか。本当に、個々の子どもの学力向上や学力診断のために行っているのだろうか。

本章では、まず第一に、この全国学テの新自由主義教育改革における位置づけ、および、学力テスト体制の全体像を確認したうえで、第二に、今回の全国学テの目的について検討してみたい。結論を先取りするようではあるが、全ての学校に評価の網の目をかけ、統制するための手段と考えるのが妥当であると思われる。そして第三に、全国学テを支える法規等の条件整備について、最後に、学テ体制によって引き起こされる問題点を分析してみたい。そして、それらの分析から、第11章における学力テスト体制への対抗軸を展望していきたいと考える。

イギリス、アメリカが先行し、日本がいまだに後追いしている新自由主義教育改革であるが、ここでは学力テスト体制を、教育への市場原理の導入というだけでなく、「国家が決定した教育内容にかかわるスタンダードの達成率に基づく、学校間・自治体間の競争の国家による組織を内容とし、エリートと非エリートの早期選別を目的にした、徹底した国家統制の仕組みである」と定義したい。

これは、産業構造の転換に対応した新しい人材養成、という経済的目的のために、公教育制度を再構築しなおすためにトップダウンで行われる改革といってよかろう。そしてそれは、いくつかの制度によって構成されており、それぞれの制度がリンクして機能することで総体的な改革を実現することになる。主な個々の制度を挙げてみると以下のようになる。

①アカデミックなスタンダード（教育課程の基準）
②スタンダードに基づいた一斉学力テスト

③一斉学力テスト「結果」に基づいた学校評価・教員評価
④学校選択制（学校選択制の「結果」に基づいた学校統廃合・公教育の民営化を含む）
⑤教育バウチャー制度
⑥学力テスト体制に即した「学校参加」、校長のリーダーシップの拡大

前述の定義に即してみると、国家（もしくは州）が設定した教育課程の基準に対応した一斉学力テストを行い、その達成率に応じて学校評価、教員評価あるいは自治体評価を行う。その評価には財源配分が伴うことで、学校や自治体は達成率をあげるために競争状態になる。テスト・評価・財源配分を介して、政府は少ない予算で、自治体・学校を強力に統制し競争を促すことができる。このような〝学力テスト体制〟は、学校選択制、その結果に基づいた学校統廃合、教育バウチャー制度（入学した児童・生徒数当たり教育費配分システム）と連動して、加速度的に公教育を再編する。すなわち、学テ「結果」や、それに伴う学校評価「結果」を見て保護者は学校を選択することによって、地域の学校は入学者が集中する学校とそうでない学校に二分化されていくことになる。入学者数に応じた教育費配分制度（バウチャー制度）のもとだと、小規模化校はあっという間に統廃合され、競争的な大規模校だけが残っていくのである。

また、これらの制度は地域の平等な公教育サービスを求める地域の保護者や住民の共同を解除する。一見すると、学校の自律性は増し、学校参加の制度化は進むように見えるところもあるが、

それはあくまで学力テストで成功するための創意工夫に用いられるものとなる。それらの制度によって公教育は序列的・階層的に再編されていき、国際競争に勝ち抜けるエリート層に重点的に資源配分し、その他の層に対しては安上がりに済ませる教育制度が確立される。

さて、この新自由主義教育改革は、イギリスにおける一九八八年のサッチャー政権下での教育改革、アメリカにおける九〇年代前半から各州で開始される基準設定運動に典型的に見られるものである。イギリスでは、ナショナル・カリキュラム、それに基づいたナショナル・テスト（キーステージといわれる各段階の終了時である七歳、一一歳、一四歳の試験に、一六歳の義務教育修了試験が加わる）、リーグ・テーブル（テストの学校別順位公表）、学校選択制、生徒数に応じた教育費配分、ガバナー制度（地方教育当局の権限を学校へ移譲した、ある種の「学校参加」制度）等が導入され、その後、九二年に教育水準局（ＯＦＳＴＥＤ）による学校査察に基づいた学校評価と結果公表が加わった。教育水準局は教育委員会なども評価対象とし、低い評価の場合は、学校も教委も民間委託の対象となった。それ以前は、教師が教育の自由を謳歌していた教育現場は一変した。

イギリスでは、日本以上の劇的な産業構造の転換、すなわち、製造業などの第二次産業から、金融、情報、デザイン、多国籍企業の本社業務といった産業への転換に応じた新しい人材育成のニーズと、新しく出現したニューリッチと称される富裕層の支持を受けて、未曾有の学力テスト体制が出現したのである。

他方、アメリカでは、一九九三〜九四年頃から、南部のテキサス州などを筆頭に、州の教育課程の基準（スタンダード）を設定し、それに基づいた州一斉テストを実施するスタンダード・ベースド・ムーブメント（教育課程の基準設定運動）が始まり全米に広がっていく。スタンダードとは、日本の学習指導要領にあたるようなものであるが、内容的には学習指導要領ほど詳細ではない。それまでのアメリカの教育では、そのような基準が未整備・不十分であったためにアメリカの子どもたちの学力は国際的に見て低かった、という世論が喚起された。労働力となる若年層の低学力化を憂える財界は、積極的にこの改革を後押しした。テスト結果の自治体・学校順位は当然公表され、「結果」に応じて教師に報酬が与えられ、もしくはペナルティが課される州も出現した。

この学力テスト体制は、二〇〇一年、ブッシュ政権のもと成立した「一人の子どもも落ちこぼさない法律」（No Child Left Behind Law）によって完成を見る。連邦レベルで、各学校の子どもの各州の一斉学力テスト目標達成率を一二年間で一〇〇％にするという目標が設定された。また達成率が「年度ごとの適切な進展」に達しなかった学校からは連邦補助金がカットされ、さらに数年続けて達成できなかった場合には、教師の入れ替えや最終的には閉校措置までを含む様々なペナルティが学校に課されることになった。

英米に見るこのような新自由主義教育改革を特徴づけるのは、まさに改革の要となる一斉学力テストの存在である。

すでに一九八九年に、全米州知事協会の中心的な政策立案者であったマイケル・コーヘンは、「選別的で集権的な政策と、学校レベルへの権限委譲をブレンドする」と、この教育改革の全体像を説明している。(1) すなわち、国や州レベルでのスタンダード設定や一斉テスト、教員評価といった〝選別的・集権的〟改革と、学校への権限移譲などの〝分権的〟改革という逆のベクトルを持つ改革をブレンドするためのマップを「芸術的に丹念に作り上げる」というのである。一斉テスト、評価、そして財政配分によって縛りをかければ、学校レベルでの自由裁量の拡大は、テストの結果を上げるために最大限に用いられる。学校は勝手に競争してくれるのである。

また、この改革の結果、権限を失うのは、連邦・州と学校の中間に位置する、地方の公選制教育委員会と学区の行政官である、とコーヘンは述べているが、(2) まさに、その後、アメリカでそのような事態が出現すると同様に、イギリスやその後の日本においても地方の教育行政機関、教育委員会の弱体化や廃止論が出現してくることになる。

2　日本における学力テスト体制の確立

日本は先行するイギリス、アメリカを追う形で、新自由主義教育改革に着手していく。

日本における財界による最初の新自由主義教育改革への提言は、一九九五年の日本経営者団体連盟「新時代の日本的経営」であったと、世取山洋介は指摘する。(3) これは、従来の終身雇用を基礎にした型から、三類型の人材養成——終身雇用による「長期蓄積能力活用型グループ」とそれ以外の「高度専門能力活用型グループ」「柔軟雇用型グループ」——に移行すべきという主張であった。すべての人材をある程度平等に底上げしていくことが教育の公共性であるという発想から、一部に重点的に資源配分をして国際競争に勝ち抜けるエリートを養成し国力を高めることが教育の公共性である、とする転換点が存在したのである。

すでに一九九六年には、政府の行政委員会によって出された「規制緩和の推進に関する意見（第二次）——創意でつくる新たな日本——」の中で、公立学校間の「格差」の導入と「保護者の選択」の推進が打ち出され、翌年の文部科学省通知「通学区域制度の弾力的運用について」は、保護者の学校選択行動の実現に大きく道を開くことになった。一九九五年の足立区の実質的選択制の導入、二〇〇〇年の品川区での制度化以降、首都圏を中心にではあるが学校選択制は急速に拡大していく。同年、首相の私的諮問機関である教育改革国民会議最終報告「一七の提言」においては、この学校選択制など新自由主義教育改革と、「道徳教育」「家庭教育」の重視、「奉仕活動」「出席停止処分を容易に」などといったいわゆる新保守主義教育改革が併記された。既に始まっている経済における新自由主義の進展や経済格差の出現により増加する〝負け組〟に対する治安維持的、社会統合的役割が教育に求められるようになったのである。この時期から、渡辺治の言葉を借りれば「独自の国民統合の装置を持っていない(4)」新自由主義は、それを新保守主義で補いながら改革を進めていくことになるのである。

一方、学校選択制が首都圏を中心に先行的に導入される中、二〇〇三年に全国で初めて、荒川区で小一～中三までを対象とした一斉学力テストが行われ、その後自治体レベルで学力テストが急速に拡大していく。しかし、全国レベルの一斉学力テストについての提言の時期はやや遅れることになる。二〇〇五年、経団連の、全国学テを軸に、学校選択、学校・教員評価、教育バウチャーによる「教育機関内の競争促進」を提言した答申に続いて、内閣府の経済財政諮問会議、「骨太の方針二〇〇五」において、全国学力テストの実施、学校ごとの成績公表などが提案されるようになった。

全国学テの制度化が遅れた理由として、世取山は以下の二点を挙げる。(5) 第一に、日本では、かつての六〇年代の文部省による全国一斉学テによる混乱と教職員・父母・住民の反対運動による廃止の歴史があり、さらに全国一斉学テをめぐる多くの裁判闘争の中で一九七六年に最高裁学テ判決（旭川訴訟）が出されたことが、政策の側にとって大きな障害となっていたことである。いうまでもなく最高裁学テ判決は、教育法学の一つの到達点であり、教育行政と教育の役割を分け、教師の教育の自由を条件付きではあるが承認し、国家の教育内容・方法への介入に強力な規制をかけるものであった。おそらく、文科省にとっては大きなトラウマとなる存在であった。

第二に、日本における義務教育費国庫負担制度の存在を脅かすという点で、全国学テは文部科学省にとって大きなデメリットを持つ危険性があった。一九四〇年以来続く、教員数に応じて国から自動的に教育費が一定割合支給されるこのシステムは、文科省を支える財政的基盤でもあり、同省はこの制度を強力に支持してきた。義務教育学校の教員給与を国と都道府県が負担するゆえに、どんな小規模な村の児童がわずか数名の学校においても一律の教員給与が保障されてきたのである。

しかし新自由主義改革の中で、財界、政府は義務教育費国庫負担制度の廃止および、教員給与を市町村レベルで一般の交付金から自治体の裁量において捻出する制度への移行を主張してきていた。文科省は押し切られ、二〇〇六年に国庫負担は二分の一から三分の一にカットされた。

そんな流れの中で、全国学テは、教員数に応じて自動的に予算が配分される仕組みから、テスト「結果」に応じた財源配分、あるいは入学した生徒数に応じた財源配分制度に道を開くものとなる。テスト「結果」は学校の評価基準として機能し、入学者数を規定するようになるからである。世取山の言葉を借りれば全国学テの導入は「インプット（教育条件整備）のコントロールから、アウトプット（教育内容）のコントロールへ[6]」道を開くものである。

実際に、二〇〇八年、財務省の財政制度等審議会は、「平成二一年度予算編成の基本的な考え方について」において、「投入量（予算や教員数）」目標から「成果」目標への転換へ、との基本方針を示すに至っている。小泉政権のもとで財界の意向を受けて、新自由主義教育改革を強力に推進してきた竹中平蔵氏らを擁する内閣府の経済財政諮問会議に代わり、近年、財政配分を行う財務省がダイレクトに改革を率先しているかのようにも見える。また、この秋に制定が予想される地方分権一括推進法に向けて、政府の地方分権改革推進委員会が二〇〇八年に出した「第二次勧告〜『地方政府』の確立に向けた地方の役割と自主性の拡大〜」においても、教員の給与負担や人事権を市町村へ移譲することが提言されている。この場合の「地方分権」とは、むしろ国による平等な条件整備の撤廃につながる。

このように、文部科学省にとって、全国学テは教育内容統制の手段としては使えるものではあったが、その財政的基盤を掘り崩し、独自の存在意義を弱めてしまう危険性をも兼ね備えていたのである。

以上の二点にさらに筆者が付け加えれば、日本においては、スタンダード導入と一斉テストが結び付いている英米とは異なり、文部省が法的拘束力を主張する学習指導要領が一九五八年以来すでに五〇年近く存在しており、英米のように「新しく教育課程の基準を設定して学力向上をめざそう」といった強力な動機に欠ける、といった理由もあると思われる。一九九〇年代後半、スタンダード・ベースド・ムーブメントのさなかのアメリカの教育関係者には、日本の学習指導要領をアメリカのモデルとして高く評価する者も存在していたのである。[7]

教育基本法が改正された二〇〇六年の前半には、国政レベルで全国学テを中心とした新自由主義教育改革が合意事項になってくる。次にあげる①〜⑪は、内閣府の規制改革・民間開放推進会議（後に規制改革会議）による規制改革・民間開放推進三ヵ年計画（二〇〇六年三月、再改定）に提言された教育改革の内容一覧である。その後の動きを見ると、規制改革・民間開放推進会議は新自由主義教育改革を強力に推進する活動部隊であるかのようである。

さらに、そのうち、①、②、③、⑦、⑧（傍線を引いた項目）は、教育再生会議の第一次報告（二〇〇六年審議、二〇〇七年一月報告）にも重複している内容である。

I　教育内容
①全国的な学力調査の実施
②学校の質の向上を促す学校選択の普及促進

II　教師
③教員免許状を有しない者の採用選考の拡大
④特別免許状の活用の促進
⑤任期付採用制度の活性化
⑥教員採用における公正性の確保
⑦指導力不足教員を教壇から退出させる仕組みの確立

III　学校・教育委員会
⑧児童生徒・保護者の意向を反映した教員評価制度・学校評価制度の確立
⑨校長評価制度の確立
⑩学校に対する情報公開の徹底
⑪教育バウチャー制度の研究

全国的な学力調査、学校選択制、民間教員の登用、学校・教員評価（その結果を反映させた不適格教員の排除等を含む）が両報告に共通し、そして、規制改革・民間開放推進会議のみで、「教育バウチャー制度の研究」が提言されている。これについては、教育再生会議においても教育バウチャー制度についての審議は行われたが報告事項にまでは至らなかったものである。両報告の内容を見ると、この段階では英米同様の新自由主義教育改革のパーツがほぼ出揃っている。全国学テについては、この直後の二〇〇七年四月に第一回が実施されることになった。

規制改革・民間開放推進会議及び教育再生会議の審議過程を見ると、両会議の委員として双方に参加している白石真澄委員（関西大学）が、これらの提案に特に積極的であり、中心的に政策立案を行っているのがわかる。同委員は、新自由主義教育改革の構造について明確なイメージを持っているが、例えば教育再生会議の他の委員に必ずしもそれが共有されているわけではないことが見て取れる。

3　地域における先行的な学テ体制の確立

そのような国に先行して、東京都のいくつかの自治体は早い段階から新自由主義教育改革を進めてきた。その中でも、他の改革に先駆けてまず学校選択制が導入されていく。表1・1は二〇〇四年度までの全国の都道府県別学校選択制の導入数である。東京都およびその後に続く埼玉県に「自由選択制」の実施自治体が集中しているのがわかる。また、表１・２は特に改革を先行させた東京二三区の学校選択制、区の学力テスト、学校二学期制の実施状況について一覧にしたものである。これを見ると、二〇〇〇年から二〇〇五年の間に、二三区中一九区が学校選択制を導入し、やや遅れてそのうち一四区が学力テストを導入していることがわかる。また、その半数以上が学力テストの各学校の結果を公表している。品川区、荒川区、足立区などが改革のトップを争っている。学校二学期制は、二〇〇二年の学習指導要領改訂に伴う授業時数の削減（いわゆる〝三割削減〟）への対応策になる、という理由で導入されることが多いため、時期的にはやや遅れて導入されている。その後導入された東京都一斉学力テスト（二〇〇四年〜）で順位が低かった、足立区や葛飾区など東部の自治体が、学力向上施策として二学期制を導入するケースも目立った。

このように、東京都で改革が先行した理由としては、産業構造の転換がいち早く進んだ東京都において、新しい〝人材〟養成に向けて、都教委などの新自由主義教育改革への動機が存在したこと、交通の利便性や多数の空き教室の存在など学校選択制を導入しやすい条件があったこと、すでに九〇年代から始まっていた学校統廃合を推し進めるために選択制を利用したこと、などが挙げられよう。また、国政レベルで改革を主唱する研究者などが区の審議会などに直接入ってくることから、東京の自治体が全国の改革のモデルケースとして用いられた可能性も否めない。さ

表1・1　都道府県別の学校選択制導入の自治体（市区町村）数

	自由選択		その他＊			自由選択		その他＊	
	小学校	中学校	小学校	中学校		小学校	中学校	小学校	中学校
北海道		1	10	3	滋賀			1	1
青森			2	2	京都			2	3
岩手			2		大阪				
宮城					兵庫			3	4
秋田					奈良			3	2
山形			4	2	和歌山	2	1	6	5
福島			6	2	鳥取				1
茨城		1	7	4	島根			4	3
栃木	1	1	4	2	岡山			2	1
群馬	1	1	3	3	広島	2	3	5	2
埼玉	5	8	11	11	山口			3	2
千葉			8	6	徳島			5	2
東京	10	22	9	4	香川			3	2
神奈川	1	2	2	4	愛媛			3	3
新潟			5	3	高知	1		5	2
富山			1	1	福岡	2	2	9	3
石川			4	2	佐賀				
福井			2		長崎			6	2
山梨			2		熊本				
長野			6	4	大分	2	1	4	1
岐阜	2	2	2	1	宮崎	1		4	3
静岡			6	2	鹿児島			17	8
愛知			5	5	沖縄			1	
三重	1		5	3					

＊「その他」は、自治体をブロックにわけたブロック選択制、隣接校のみ可とする隣接校選択制、そして一般的な選択制とは異なる「特認校制」からなる。「特認校制」は、山間部の小規模校などの学区を撤廃し不登校傾向のある児童・生徒なども広く受け入れる制度である。鹿児島県など地方に多い。

文科省は、導入自治体を多く見せるために、いわゆる選択制とは異なる「特認校制」をも含め、全体的にカウントしたものと思われる。

表1・2　東京都23区の学校選択制の実施状況

	学校選択〈選択範囲〉＊と〈導入年度〉		区独自の学力テスト			2学期制
	小学校	中学校	開始年	委託業者	学校順序発表	
千代田区		全・03	03	ベネッセ	○	一部
中央区		全・04	04	東京書籍	○	
港区	隣・05	全・05	04	図書文化社		
新宿区	隣・05	全・05				
文京区		全・03				
台東区		全・03				
墨田区	全・01	全・01	04	ベネッセ	○	05
江東区	全・	全・				小07／中06
品川区	ブ・00	全・01	03	ベネッセ	○	一部
目黒区	隣・05	隣・03	07	ベネッセ		07
大田区	指定校変更活用					
渋谷区	全・04	全・04				幼・小・中05
中野区	05年実施予定を延期		04	ベネッセ		中08
杉並区	隣・02	隣・02	04	新学社	○	一部
豊島区	隣・01	隣・01	03	非公開		
荒川区	全・03	全・02	02	ベネッセ	○	
板橋区	全・03	全・03				一部
練馬区		全・05	03	東京書籍	○	小08／中07
足立区	全・02	全・02	03	ベネッセ	○	04
葛飾区	隣・05	全・05	05	ベネッセ		
江戸川区	受入校	全・03				
世田谷区						
北区			04	東京書籍		06

＊〈選択範囲〉――全：全校、隣：隣接校、ブ：同一ブロック内の学校。
空欄は学校選択なし。

出所）新潟大学教育人間科学部比較教育学ゼミ作成（2005年5月22日）をもとに筆者が作成。『新自由主義教育改革』大月書店、2008年、58ページ。

らに二〇〇二年から、東京都の「義務教育に関わる都と区市町村の連絡協議会」が重点施策を共有化することで、自治体が横並びで、統廃合など改革を進める傾向が強まっている。

このように個々の制度が出そろってくることにより、新自由主義教育改革によって典型的な学テ体制が出現してくる自治体が現れる。足立区はその典型的なケースといえるだろう。同区では、すでに一九九五年度から〝通学区域の弾力化〟の名称で実質的な学校選択制が導入され二〇〇二年に制度化された。当初から、入学希望が集中して過密化する人気校と、選択行動から外れる学校および小規模化する小規模校へと学校は二極化していった。数年後に、小規模校が統廃合対象になっていった。

さらに〇三年からベネッセに委託した区学力テストと学校順位の公表が開始された。翌年からの東京都一斉学力テストで自治体の順位が広報された際に、足立区が二三区で最下位だったことを理由に、教委は夏休み補習や二学期制（〇四年）などさまざまな学力向上施策を導入していく。また「開かれた学校づくり」の名のもとに、地域の保守的な勢力を再編する学校参加制度が整備された。

二〇〇五年度からは、「特色ある学校づくり」の一貫として学校に予算見積書を提出させ「がんばり度」を判断して差別的に予算を配分する方式を導入、さらにその予算を区学力テスト「結果」等によってランク付けする方針を導入しようとしたが、区民からの批判が多く撤回された。これはまさに、学テ「結果」に応じた報酬とペナルティといった、アメリカの先行ケースに似た制度といえよう。

図1・1は、横軸が足立区の各中学校の平均就学援助率を、縦軸が区学力テストの各教科平均到達度合計を示す。またひし形（◆）は、学校選択制で希望者が多く抽選が行われた学校、四角（■）は抽選が行われなかった学校である（いずれも二〇〇六年）。足立区の場合、一つの中学に数百人が入学希望するような大規模な抽選がおこなわれる学校が存在する。この時の足立区の平均就学援助率は約四三%で、図1・1で見るように高い学校は七〇%を超えている。この就学援助率に表わされる家庭の階層と、テストの達成度は強い負の相関関係を示している。就学援助率が低い、すなわち階層が高ければテスト達成度は高く、逆に就学援助率が高く貧困であればテスト達成度は低い。また学校選択制で人気が集中する学校は、階層が高くテスト達成度が高い学校である。足立区の場合、抽選がある学校は毎年ほぼ固定化しているのである。生徒や保護者から選ばれない達成度が低い学校は、ほとんどが鉄道沿線から遠く交通の便が悪い公共

図1・1　区立中学校の学力テスト結果と就学援助率（足立区）

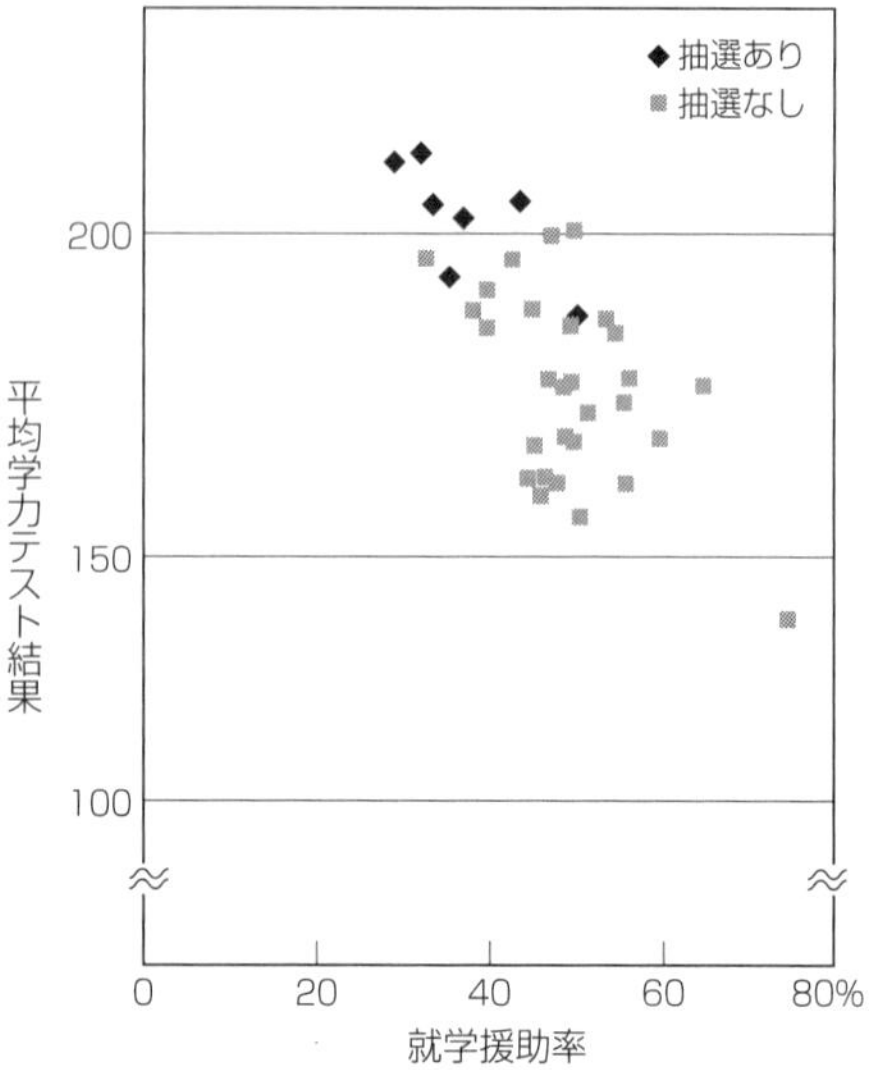

住宅の地域にある。ひとり親家庭が六〜七割を占めるような生活困難層の多い学校になっている。

　このように本来平等であるべき公立中学校が、リンクして機能する学校選択制と学校統廃合によって二分されていき、公教育が序列的に再編されていくのが学テ体制の典型的な姿である。これが進展すると、生活困難層の多い地域の小規模校は予算もカットされて統廃合の対象となり、競争的な過密校が残っていくという仕組みができあがる。さらに、学校選択制によって、地域の子どもや保護者の人間関係が形成されず、地域の教育力が低下していくため、次第に子どもたちの荒れや地域のスラム化現象を招いていく。

　ただし足立区の場合、拮抗する勢力として教職員組合勢力の存在がある。七〇年代後半の校内暴力の時代から、保護者、地域住民とともに、子どもたちを支える共同の関係がいくつかの学校でつくられていった。それは、学校統廃合の際には、保護者、地域住民、教職員が共同して反対運動を形成するベースとなっていった。

　二〇〇七年全国学テの際には、障害を持った子どもを欠席させるなどした学校の不正行為に対する保護者の訴えから出発して、教職員組合が積極的に学テの不当性を訴え、一定の成果を上げた。また〇八年には、都内東部六区のＰＴＡ会長に対して、学校選択制の問題点についてアンケート調査や学習会を組織した。それによって、選択制による地域の教育力の破壊が明らかになった。このような、教職員の側から共同を作り出す運動は教職員への管理が厳しい今日では、例外的なものであり、学テ体制の進展に、一定の歯止めになっているともいえよう。

足立区にみるように、じつは階層に規定された学テ結果を「客観的」な評価とみなして、生活困難層を劣悪な教育条件下にはりつけていき、公教育の序列的再編をめざすことが学テ体制の目的である。彼らの貧困な教育条件はさらに貧困なものにされ、また個々人が分断されていくことで、人間関係の貧困もが加えられていく。それに対して、例えば苅谷剛彦は、学テ体制のもとで、資源配分の優先順位を「下に手厚い」支援におき、「それをしっかりとやった上で『上を伸ばす』教育に資源投下」すれば、格差をできるだけ解消できる、と提起する。(8) また、学テの目的を、救済が必要な困難校の発見に置く、という同趣旨の議論もある。しかし、新自由主義教育改革の制度構想が意図的にそれとは真逆のもの――エリートと非エリートの早期選別――であるため、優先順位の転換は容易にできるものではないと思われる。政策側が、意図的に不平等を作り出していること、しかもそのために積極的に教育政策をも動員していることに対抗する戦略的な視点が必要であると思われる。

4　学校評価としての全国学力テスト

それでは、今回の全国学テは、どのような目的で導入され、実際にはどのような役割を果たすのだろうか。文部科学省は、その実施要領において以下のようにその目的を定めている。(9)

(1)　国が、全国的な義務教育の機会均等とその水準の維持向上の観点から、各地域における児童生徒の学力や学習状況をきめ細かく把握・分析することにより、教育および教育施策の成果と課題を検証し、その改善を図る。

(2)　各教育委員会、学校等が全国的な状況との関連において自らの教育及び教育施策の成果と課題を把握し、その改善を図るとともに、そのような取組みを通じて、教育に関する継続的な検証改善サイクルを確立する。

(3)　各学校が、各児童生徒の学力や学習状況を把握し、児童生徒への教育指導や学習状況の改善等に役立てる。

まず(1)を見ると、「成果と課題」の「検証」を行い「改善」を図る、とする『検証改善サイクル』、すなわちPDCAサイクル（Plan-Do-Check-Action 計画、実施、評価、改善の一連の評価のサイクル）の、国、教育委員会、学校への実行を促す文書になっている。

また、直接、個々の児童・生徒の教育指導に関わってくるのは(3)の項目のみである。そしてその「児童生徒へ教育指導」「学習状況の改善」の主体もあくまで「学校」であり、直接子どもの指導に関わる教師自身が、自分の教育活動、子どもへの学習指導に「役立てる」ということは全く記載されていないのである。ここからは、学校が評価の基礎単位となっていることが見て取れる。個々の子どもの指導に役立てるためではなく、学校を評価し、場合によって懲罰していくた

資料1　全国学力テスト（2008年度）問題例

小学校　算数A ［1］ 四則計算

［1］

次の計算をしましょう。

(1) 132－124

(2) 52×41

(3) 6＋0.5

(4) 68.4÷36

(5) 3＋2×4

(6) 2÷3　（商を分数で表しましょう。）

出題の趣旨

整数、少数の計算をすることができるかどうかをみる。
四則の混合した計算をすることができるかどうかをみる。
除法の結果を分数で表すことができるかどうかをみる。

小学校　算数A 6 量の大きさについての感覚

6

次の問題に答えましょう。

(1) 約1kgの重さのものを，下の **1** から **4** までの中から1つ選んで，その番号を書きましょう。

1 空《から》のランドセル1個の重さ
2 1円玉1枚《まい》の重さ
3 5段《だん》のとび箱全体の重さ
4 ハンカチ1枚の重さ

(2) 約150 cm^2 の面積のものを，下の **1** から **4** までの中から1つ選んで，その番号を書きましょう。

1 切手1枚の面積
2 年賀はがき1枚の面積
3 算数の教科書1冊《さつ》の表紙の面積
4 教室1部屋のゆかの面積

出題の趣旨

量の大ささについての豊かな感覚を身に付けているかどうかをみる。

(2)　下のように，棒グラフと円グラフに表された生産額や割合に，ア から コ までの記号を付けました。

A町の2000年の**野菜**の生産額を求めるためには，資料の中の ア から コ までのうち，どれが必要ですか。ア から コ までの中から**2つ**選んで，その記号を書きましょう。

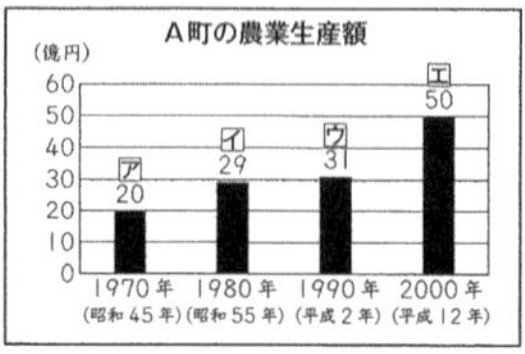

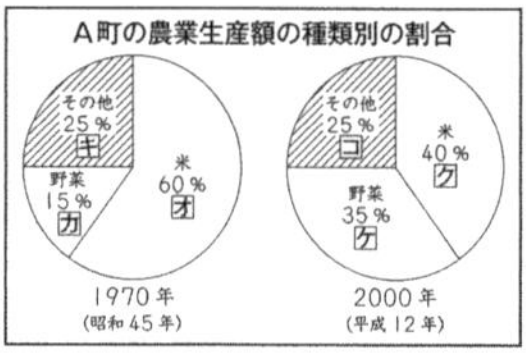

(3)　次は，**米**について考えます。

A町の1970年と2000年の米の生産額について，ひろしさんは，次のように言いました。

米の割合が，60％から40％に減っているから，
米の生産額は，減っています。

ひろし

ひろしさんの言っていることは，正しいですか。「正しい」か「正しくない」かのどちらかを○で囲みましょう。また，そのわけを，言葉や式を使って書きましょう。

小学校　算数B 2 情報の選択と考え方の評価（農業）

2

ひろしさんが住んでいるA町の農業生産額について，下の２種類の資料を使って調べます。

棒《ぼう》グラフは，農業生産額を1970年から10年ごとに表しています。

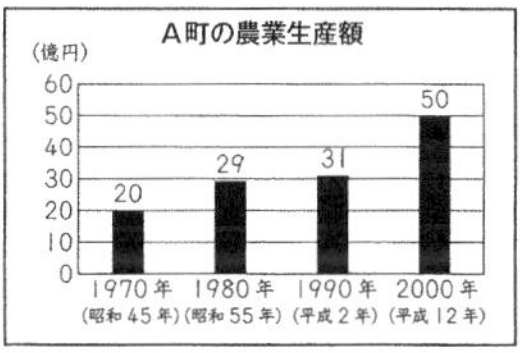

円グラフは，1970年と2000年の農業生産額の種類別の割合《わりあい》を表しています。

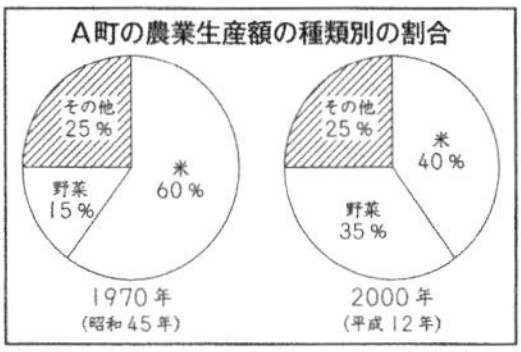

(1)　A町の1980年の農業生産額は何円ですか。答えを書きましょう。

出題の趣旨

示された棒グラフや円グラフを基に、次のことができるかどうかをみる。
・グラフが表している内容を読み取ること。
・目的に応じて情報を選択すること。
・示された考え方が正しいかどうかを割合の考えを用いて評価し、その理由を数学的に表現すること。

めのしくみなのである。そのためには、一部の子どもを抽出したサンプリングテストであってはならず、すべての子どもを対象とした悉皆調査である必要性がある。

かつて行われた六〇年代学テと、今回の全国学テの相違点は以下のようなものである。第一に、六〇年代学テが文部省による教育内容統制のために行われたものであったのに対し、全国学テは学校評価の網の目を全ての学校にかけるために行われたものであるという点である。だからこそ、文科省は一〇〇％の実施に強くこだわり、未参加の犬山市のケースはあってはならないものであったのである。六〇年代学テは、中学校二年生を対象に主要五教科の学力テストを行い、結果を指導要録に記載もするという日常の教育活動の延長線上にあるものであった。そこには、一九五八年改訂以来、文部省が法的拘束力があると主張を始めた学習指導要領の定着度合いを調べるために学テを実施する、という名目もあった。

それに対し、今回の全国学テは、小六・中三という義務教育段階の全ての学校（国立、私立を含む、ただし文科省の要請にもかかわらず私立の参加率は年々低下しているが）の児童・生徒を対象に、国語・算数（数学）という限定された教科について、日常的にやっている教育活動とは異なる内容（OECDのPISA型学力観に基づいた「知識」A問題・「活用」B問題）のテストを行うものである。資料1は、二〇〇八年度の全国学テの「A問題、B問題」の一部である。

このように、「知識」A問題、「活用」B問題は、単なる知識の暗記を測るためのものではなく、A「知識」は基礎的な「身につけておかなければならない内容」であり、B「活用」は、「その知識・技能を活用する力、問題解決のための構想を立て、実践し、評価、改善する力」と称される、かなり独自な内容になっている。

さらに、全国学テはこの「学力調査」以外に、児童・生徒の「生活習慣や学習環境等に関する質問紙調査・児童生徒に対する調査」および校長が回答する「同・学校に対する調査」の三本立てで行われることも大きな相違点である。生活習慣等の調査では、それこそ「早寝・早起き・朝ごはん」から通塾状況、テレビ視聴時間まで、子どものさまざまな生活実態についての詳細な設問がある。学校に対する調査の質問項目は、二〇〇六年に文科省が公表した「義務教育諸学校における学校評価ガイドライン」[10]の項目とほとんど重複する。例えば、「学校経営」「教育課程・学習指導」「生徒指導」「組織運営」「研修」「保護者、地域住民との連携」などに関わる内容が評価項目となっている。文科省は、一九九九年から、各学校の「自己点検」を中心にした学校評価を提唱してきたが、二〇〇五年の中央教育審議会答申「新しい時代の義務教育を想像する」では、自己評価の結果公表を「全ての学校において行われるよう義務化」し、「国は、評価に関する専門的な助言・指導」を行うとともに、「第三者機関による全国的な外部評価の仕組み」も検討する必要がある、と一挙に全学校に評価の網の目をかけるシステムへと段階を上げていった。その流れの中で「学校評価ガイドライン」は策定されたのである。また、〇六年に新設されて以来、文科省の学力担当調査室と学校評価担当調査室は一体となって改革を進めてきていた。

これらの三つの調査結果の相関関係が国立教育政策研究所によって詳細に解析され、学校単位の「学力」と子どもの生活習慣・学習態度と学校運営との関係性が説明されていくのである。この国立教育政策研究所のスタッフが、学テ問題の作成から、自治体における学校評価の開発・普及までに広くかかわっている。

二〇〇六年、〇七年と学テ実施を見送った犬山市教育委員会は、さかのぼる〇一年頃から「習熟度に分けない共同学習、独自教材の開発、教師同士の学び合い」などを核とする独自の教育改革を進めてきており、「テストの得点能力と学力を同一視する学力観の貧困を生むことや、地域間・学校間・児童生徒間に競争を持ち込み協同の取り組みを破壊することなどが予想される」[11]という理由から、これまで不参加を決定してきた。しかし、前述のように〇六年に当選したテスト推進派の市長（学テ導入を選挙公約に掲げたわけではない）が、任期切れの教育委員三名と「自らの意に従う」教育委員四名を入れ替えたため、反対する教育長と教育委員長二名対四名の採決で参加が強行されてしまった。その結果、学テは入ったものの「犬山の教育をこれからどのように運営していくのか……先の展望は何もない[12]」ゼロの状態になってしまった、と前教育委員の中嶋哲彦氏は証言している。地域の教育活動や教師の教育実践の独自性・継続性を損なってまで導入される学テとは、まさに評価する側の道具でしかないということの象徴的なできごとであろう。逆にいえば、評価の網の目を全ての学校にかける、という政策の意図から見たら、学テ不参加だった犬山市の存在は強力な対抗軸となりえていたのであろう。

第二に、全国学テの結果は、地方自治体において独自の学校評価制度の中の一つの指標として用いられるようになる。すでに、足立区、杉並区などで先行的に第三者機関による各学校に対する学校評価制度が導入されている。足立区では「①確かな学力の定着、②適切な生活態度、③保護者、地域との連携」、杉並区の「第三者診断」においては、「①学力、②生活態度、③学校経営」、の三つの項目において指標が設定され、学校毎にそれぞれの結果が算定され、評価結果が公表されるシステムが試行的に始まっているのである。その「学力」項目の指標として、全国学テ結果が用いられる。足立区の場合は、「バランス・スコアカード」を活用した独自の指標による評価システムを用い、全国学テの「得点率AもしくはBの児童の比率が全国平均値以上」といった具体的な数値目標として指標が設定されている。さらに「生活態度」では、「就寝時間が一〇時より前の児童の比率が一〇〇％」であるとか、「保護者、地域との連携」では、「保護者の学校行事への参加状況」などがそれぞれ数値目標として指標とされている[13]。

評価主体は、いずれも国立教育政策研究所と日本ＩＢＭビジネスコンサルティングサービス株式会社および当該教育委員会の三者が共同で行っている（杉並区の場合は教育委員会の外郭機関である済美教育センターが行っている）。そのモデルは、イギリスの学校評価の第三者機関である教育水準局（ＯＦＳＴＥＤ）である。足立区の場合は、指標内容もそのまま教育水準局が用いたものを使用しており、杉並区の場合も、極めて類似した評価スタイルとなっている。これは、学テ結果以上に、それを含みこんであたかも客観的な学校の絶対的な「評価」であるかのように扱われ、さらに全国学テ以上に評価結果がひとり歩きする危険性があると思われる。また、全国的な第三者機関による学校評価システムの確立に道を開く可能性があると思われる。[14] 加えて、「改正」教育基本法が射程に入れ、国が統制の拡大をめざしている家庭教育、家庭の地域との連携といった領域にも「評価」の網の目が拡大されることが懸念される。

第三に、六〇年代学テと異なり、全国学テは、ダイレクトに財源配分と関わる可能性を持つ。六〇年代学テにおいては、高度経済成長下において中央から企業を誘致するために、優秀な労働力の存在を証明するために、県の成績を上げるべく県ぐるみでテストの不正を行うといったケースが一部の自治体で見られた。しかし、今回は、結果に応じた財源配分やバウチャー制度など、結果がダイレクトに個々の学校の教育費配分に直結してくる可能性が存在する。

5　教育基本法改正以来の学力テスト体制づくり

――教育基本法、学校教育法、学習指導要領――

全国学テ実施と並行して、学テ体制へ向けての条件整備を、①二〇〇六年の教育基本法改正、②それを受けた二〇〇七年の教育三法改正、その中でも学校教育法の改正、および、③二〇〇八年の学習指導要領改訂に端的に見ることができる。その主な改正点とそれが持つ意味を挙げてみる。

①学テ体制へ向けた教育基本法改正

二〇〇六年改正教育基本法は、教育の自由に関わる条文、および教育と教育行政を峻別する条文について徹底的に削除されており、学テ体制に伴い、教育行政が教育にダイレクトに介入できるようにするための条件整備が行われている。特に一九四七年法の第二条「教育の方針」と第一〇条「教育行政」は学テ体制へ向けて大幅に削除、修正されている。

戦後直後に文部省が発行した『教育基本法解説』によれば、一九四七年法第二条と第一〇条は、全体的な「教育の方針」という意味ではセットとなるべき内容であった、とされている[15]。

第二条では、第一条「教育の目的」を達成するためには「……学問の自由を尊重し、実際生活に即し、自発的精神を養い、自他の敬愛と協力によって、文化の創造と発展に貢献するように努めなければならない」とされた。権力が介入しない学校という自由な空間における「自他の敬愛と協力（mutual esteem and cooperation 直訳すれば、〝お互いの尊敬と共同〟）によって」すなわち、教師と子どもの尊敬と共同の関係という人格的な触れ合いを通してのみ、「教育の目的」である「人格の完成」は可能であることを示すものであった。

また、第一〇条一項の「教育は不当な支配に服することなく国民全体に直接責任を負って行われるべきものである」は、子どもに直接接する教師こそが国民全体に対して直接責任を負える主体であると解釈された（直接責任性原則）。さらに二項「教育行政は、……諸条件の整備を目標として行われなければならない」は、教育行政の役割は諸条件の整備であって教育の中身には無限定に介入できないという、教育行政に対する歯止め規定、教育行政と教育を峻別する規定として機能していた。

しかし、これらの部分は改正で削除された。二条は「国を愛する態度」などの道徳の徳目を学習指導要領「道徳」の内容に準じて列挙したものに変わってしまった。(16) 直接責任性原則および「教育行政は条件整備を目的」の部分も削除された。それにかわって、二〇〇六年教基法第一六条では「教育は……この法律及び他の法律の定めるところにより行われるべき……」と、あたかも教育行政は「法律に定め」さえすれば教育の中身に無限定に介入できるように解釈され得るものとなった。

「教育行政」は、第一六条「教育行政」と第一七条「教育振興基本計画」に大幅拡大され、二〇〇八年、この教育振興基本計画が閣議決定された。教育振興基本計画を行う主体は、「政府」とされ、率先して経済政策に直結した計画化を推し進め、文科省をもコントロールするトップダウンの教育政策が、下請けの地方自治体、さらに学校へと貫徹することがめざされている。そこで貫かれているのは、財界、財務省主導の「インプット（教育条件整備）のコントロールからアウトプット（教育内容）のコントロールへ」の原則である。

②改正学校教育法

例えば、学校教育法第三三条「教育課程」において、これまでの「教科に関する事項……は文部科学大臣がこれを定める」が「教育課程に関する事項……は文部科学文大臣がこれを定める」に改正され、限定的だった「教科」が、教科以外の特別活動や道徳なども含み、また教育内容・方法までも深く対象にした「教育課程」になった。このように教育行政の教育の内容・方法への介入を大幅に拡大する改正が端々で見られる。

中でも、第三〇条二項「小学校の教育目標」において、「……基礎的な知識及び技能を習得させるとともに、これらを活用して課題を解決するために必要な思考力、判断力、表現力その他の能力をはぐくみ、主体的に学習に取り組む態度を養う」という、「思考力」「判断力」「表現力」などといった常識的に法規とは思えない、ダイレクトに教育内容に関する規定が盛り込まれている。さらに「基礎」・「活用」というOECDのPISA型学力に応じた枠組みが新たに盛り込まれた。

③学習指導要領——学テに対応した学習指導要領の出現——

二〇〇八年三月に公表された新学習指導要領の特徴は、「基礎」・「活用」の導入、「読解力」といったOECDのPISA型学力に内容を対応させた点である。

新自由主義教育改革全体の枠組みという視点から見ると、二〇〇七年から開始された全国学テが、先にこのPISA型学力に対応した「基礎（知識）」のA問題・「活用」型のB問題という構成になっていたものが、今回の改訂によって、学習指導要領がようやく学テと整合性を持つものになったといえよう。前述のように、英米と異なって、日本では、すでに一九五八年から文部省が法的拘束力を主張する学習指導要領が存在していた。ここにおいて、英米型改革とは逆の順番で、スタンダードに応じた一斉学力テスト、というパーツが完成したことになる。

しかし、PISA型学力は、九七年からOECD内に結成されたプロジェクトチームDeSeCoが、現代のグローバル社会に必要な能力（キーコンピテンシー）を開発し、それに基づいて構成されたものである。[17]

その内容は、①相互作用的に社会・文化的、技術的ツールを用いる、②異質な集団で交流する、③自律的に活動するといった大きなカテゴリーからなり、特に、①には言語、シンボル、テクストを相互作用的に用いる能力、また「リテラシー」などが含まれる。「読解力」とは、このキーコンピテンシーを具体化したものであるとされる。

その立場は、特にヨーロッパ大陸の福祉国家における公教育のあり方を高く評価しており、英米が進めている一斉学力テストに依った競争的教育に対しては、批判的なスタンスを取っていると思われる。[18]

改訂直前に、中央教育審議会は、一九九八年改訂以来掲げている学習指導要領の「生きる力」は、OECDのキーコンピテンシーと同様のものであると主張している。[19] しかしながら、「生きる力」とは、一九九八年改訂のいわゆる三割削減、「ゆとり教育」の提唱の際に登場し、それまでの知識の詰め込み教育を是正するものとして掲げられた目標である。今回、「ゆとり教育」自体が見直され、授業時数も大幅に増える改訂において「生きる力」の内容が前回改訂からの一貫性を持っているとは考えにくい。

さらに、この間、日本が後を追っている英米型の新自由主義教育とOECDのキーコンピテンシーは必ずしも整合するものではないのである。日本がこれまで通り、英米型の教育改革を続け、同時にOECDのPISA型学力に沿った教育をも行っていくことは論理的に矛盾する。この矛盾が顕在化しないのは、おそらく文科省がキーコンピテンシーに基づく「基礎」・「活用」などを日本式に歪曲して理解し、導入しているためであると思われる。学習指導要領を見ると、例えば、「基礎」では基本的内容の反復練習が強調され、「活用」では「実験、観察、発表、討論、レポート」といった定式化された内容が繰り返されており、文科省のキーコンピテンシーに対する理解の浅さが露見しているようである。

また本来なら、OECDのキーコンピテンシー自体の持つ普遍性について、日本の教育現場の総力をあげた国民的な検証も必要と思われる。筆者の印象では、キーコンピテンシー自体が情報処理的な能力に偏重しているように思われる。優れた民間教育運動を含む日本の公教育が歴史的に積み上げてきた「学力」概念とキーコンピテンシーとの照らし合わせが求められるであろう。しかし、トップダウンで改革を進める体制だけは作り上げた文科省が、そのような検証を行っていくとは考えられない。

6　教育現場に与える学テ実施の影響

①無制限・意図的な教育内容への介入

文科省は、各年度の学テの後に、国立教育政策研究所が行った詳細な分析結果を公表している。[20]その分析では、学校調査項目や意識項目と教科テスト正答率との相関について詳細な分析が加えられる。

そこには教育の方法や具体的な教育活動にまで介入する指摘が多く見られる。例えば、「私語をしないなど学習規律の維持を徹底している学校」は正答率が高い、あるいは、「生徒の様々な考えを引き出したり、思考を深めたりするような発問や指導をしている学校」は正答率が高い、といった分析がされている。しかし、学習規律や発問といったような内容は、あくまで個々の教師と児童・生徒の学習活動に伴うものであり、児童・生徒の実態を把握したうえで、教師の自主的な判断にゆだねられるべきものであろう。文科省が分析の対象としてダイレクトに学校に指導をするべき内容ではないのではなかろうか。教育行政と教育の境界をあいまいにした、このような無限定な介入が出現し、教師たちがやる気をそがれ、教育現場が混乱することが懸念される。

また、文科省が意図的に教育現場で重要視したい項目をピックアップして、その有効性を重点的に取り上げることによって、現場をコントロールしていくことも可能になる。

②結果がひとり歩きし、不正行為や学力観の歪みへ

多くの論者が指摘しているが、全国学テはすでに様々な問題を教育現場に引き起こしている。

第一に、テストをめぐる不正行為の出現である。すでに二〇〇五年、市独自の学力調査を行い、学校順位を公表していた広島県三次市で、管理職による解答用紙の改ざんをも含む大規模な不正行為が問題となった[21]。また、〇七年度に足立区で起きた、障害を持った子どもをテストに欠席させる、あらかじめ前年の問題を解かせる、テスト中、教師が正解を誘導する、といった不正行為を、まず地域の保護者が、そして教職員組合の教師たちが告発したケースは、学テに対抗する運動として大きな反響を呼んだ。しかし、これらは氷山の一角であろう。六〇年代学テの時にも県ぐるみの不正が起きたが、今回「結果」に明確なペナルティが課されるような状況において、より一層不正行為は起きる可能性が高いと思われる。

第二に、カリキュラムがテスト準備教育に偏重していく点が挙げられる。これは、英米においても顕著な弊害として指摘される点である。テスト教科が中心のテスト対策に追われる学校になり、カリキュラムが硬直化する。日本でも、すでに学テ対策として、都道府県・市町村レベルの検証改善委員会が、学テ結果を改善すべく、学力向上施策を上から教育現場に押し付け始めている[22]。

第三に、国民の学力観が歪むことが挙げられる。全国学テが「学力と学力観の貧困化」を促進

させる加速器である、とある教育行政学研究者は述べる。[23] 全国学テ結果というピンポイントの非常に限定的な評価が「学力」として独り歩きし国民に共有される時、学校の教育内容が硬直化し、日本の学校や教師たちがこれまで積み上げてきた教育的な価値がなし崩しにされる危険性がある。

7　結果公表をめぐる混乱

文科省の全国学テ実施要領では「調査結果の取り扱いに関する配慮事項」として「……本調査により測定できるのは学力の特定の一部分であること、学校における教育活動の一側面に過ぎないことなどを踏まえるとともに、序列化や過度な競争につながらないよう十分配慮する」と「過度な競争」を避けることを挙げている。具体的には「都道府県教育委員会は域内の市町村及び学校の状況について個々の市町村名・学校名を明らかにした公表は行わないこと」と留意し、「市町村教育委員会が、保護者や地域住民に対して説明責任を果たすため、当該市町村における公立学校全体の結果を公表することについては、それぞれの判断にゆだねること」「学校が、保護者や地域住民に対して説明責任を果たすため、自校の結果を公表することについては、それぞれの判断に委ねること」と、公表を禁止しながらも、結果的には自治体間・学校間の結果公表の可能性を残すような内容――それも各主体の自己責任において――を提示している。

文科省が学テ結果公表に対して消極的であり、「序列化や過度な競争」を避けようとしている理由として、まず第一に、六〇年代学テの失敗および最高裁学テ判決の影響が挙げられよう。全国で学テ反対の多くの訴訟や紛争が起きたのみならず、愛媛県や香川県における行政ぐるみの全県的な不正行為が明らかにされたことが、かつての学テを失敗に追いやったのは明らかである。

また第二に、一九九八年に国連子どもの権利委員会から児童の権利に関する条約報告審査において日本政府に出された最終所見・勧告の中で、日本の「児童が、高度に競争的な教育制度のストレス……により、発達障害にさらされている[24]」と指摘されたことに対する配慮も存在すると思われる。現在、日本政府は第三回国連審査を目前に控えているのである。いずれにせよ、結果が公表されるにしてもあくまで、自治体住民や学校保護者からの要求に応じた結果、やむなく行われたものである、というスタイルで事態が進むことが求められていると思われる。例えば二〇〇四年から実施された東京都学力テストでは、全区・市の順位が新聞報道され、特に下位の自治体では行政主導の強引な「学力向上」対策などさまざまな問題状況を生みだした。しかし、順位を公表したことに対して都教委は一貫して、保護者などからの開示の要求があったのに応えたもの、と回答していた。

さらに、学テ実施と同じ〇七年に改正された学校教育法には、新しく第四三条「学校運営情報提供義務」として「……保護者及び地域住民その他の関係者の理解を深めるとともに、これらのものとの連携及び協力の推進に資するため、当該小学校の教育活動その他の学校運営の状況に関する情報を積極的に提供するものとする」、さらに、第四二条「学校運営評価」として、「小学校は、文部科学大臣の定めるところにより当該小学校の教育活動その他の学校運営の状況について評価を行い、その結果に基づき学校運営の改善を図るため必要な措置を講ずることにより、その教育水準の維持向上に努めなければならない」という条文が新設された。前者については、全国学テ結果に対する保護者や市民の公開要求の根拠として、さらに後者は、全国学テの根拠となる条文として、いつでも使えるようになったのである。ちなみに、現在の全国学テの根拠法は地教行法（地方教育行政の組織及び運営に関する法律）第五四条の二「報告提出義務」すなわち、文部科学大臣が地方教育委員会に対して資料・報告の提出を求めることができる、というもので、実態に合わず解釈上無理があることはかねてから指摘されてきた[25]。

全国学テ結果公表をめぐっては、衆知のように地方自治体レベルですでに多くの混乱が生じている。それは主に、①情報公開条例を用いて学テ結果情報を請求する個人に対して、自治体が非開示としたことによって生じたトラブル、②結果公表を決定した府・県知事と結果公表に反対する市町村教育委員会の対立、に大別できる。

①に関しては、全国学テ以前に、住民が自治体独自の学力テストの結果公表を求めたケースとして二つの裁判がある。二〇〇三年度、二〇〇四年度の大阪府枚方市小中学校学力診断テストの中学校結果公表を住民が求めたのに対し、市教育長が非開示としたことは違法であると住民が教育長を訴えたケース[26]、および、〇六年度の岩手県学習定着度調査の学校別結果について住民が情報開示請求をしたところ、花巻市教育委員会が非開示としたため住民が教委を訴えたケース[27]であ

る。両者に対しては、対照的な判決が下されている。

枚方市の場合は一、二審ともに、結果公表が「当該事務事業の目的を著しく失わせ、又はこれらの事務事業の適正もしくは公正な執行を著しく妨げるとは認められない」との理由で、開示を求める住民側が勝訴した。その際、枚方市の中学校は「入学試験がなく、学校選択も採用されていない」ので、学校の成績が悪いということによって中学生個人が劣等感を抱いたりはしない、という理由が採用されている。

それに対し花巻市の場合は原告の訴えが、一、二審とも棄却され、結果的に学テ結果は非開示とされた。その理由として、学テ結果公表が学校の序列化や比較など「過度な競争」を招くということ、および花巻市内に「小規模校・小規模学級が多く存在するため」個々の生徒の成績が学校結果に反映されやすい、という事情が取り上げられている。

全国学テに関しては、鳥取県（二〇〇七年）と大阪府（二〇〇八年）の住民が、教育委員会及び府知事に対し、情報公開条例に基づいて開示請求をしたが非開示となったことに対し、前者は行政不服審査法に基づいた異議申し立てを、後者は提訴を行っている。鳥取では、住民の申し立てが認められ、県教育委員会は結果を開示することになった。[28] その答申の中で、学テ公開のデメリットの例として「過度な競争」の例とされる足立区などは、背景にテストの成績に応じた学校予算の傾斜的配分や学校選択制があり、テスト結果の開示によって競争が起こったわけではない、と説明されている。また、前述の枚方市では、全国学テに際しては文科省の実施要領を根拠に結果の非開示を決定したところ、ふたたび開示を求める住民から行政訴訟を起こされ、現在判決を待っている状態である。

②に関しては、全国学テ順位がトップであった秋田県の寺田典城知事が全国に先駆けて二〇〇八年一二月、県内二五市町村別の〇七、〇八年度平均正答率を公表したことに対し、市町村教育委員会が強い反発を示した[29]。特に、中学校が一校しかない町村などは結果公表が学校評価に直結することを理由に反対した。中でも藤里町教育長は〇九年度学テ不参加を表明したが、後に参加へと態度変更している。

また大阪府では、住民から非開示について提訴された後、橋下徹大阪府知事は、大阪は全国順位も著しく悪いことなどをも理由に、市町村ごとの結果を公表するように府教委に働きかけ、〇八年一〇月に一部の自治体を除いて結果を公表した。その際、知事は、結果を公表しないと予算をカットするなどとの圧力をかけ、市町村教委の強い反発を招くことになった[30]。加えて、同年、鳥取県南部町が、小中学校四校の平均点を公表している。

学テ結果は、住民が情報公開条例を用いて開示請求した場合、非開示にするのは難しい情報であろう。児童・生徒がテストを受けていて、その保護者ならば、直接本人に関わる情報であり、また学校情報であれば個人のプライバシーを侵害する程度も低い。さらに市町村別・学校別の結果公表をしないようにと指導する文科省の実施要領と自治体の情報公開条例を比較した場合、法的根拠のない前者に対して後者が優先されるという解釈が多くの自治体で取られている。教育行政を担う教育委員会側に反対の意向が強いのに対し、知事側がマスコミなども利用して住民世論を味方につけようとしているのが特徴的である。そのような状況を端的に示すデータが挙げられている。

二〇〇九年二月、内閣府の規制改革推進会議が〇九年一～二月にかけて、全国の教育委員会と小中高に通う子どもを持つ保護者二二〇〇人に、学テの結果公開についてアンケート調査した結果を六月に公表したものが表1・3である[31]。そこには、保護者側と教委側の劇的なギャップが見られる。保護者（全体）のうち「学校毎の点数をそのまま公表すべきである」が六七・三％である。ただし「公表すべきでない」が一〇・五％、また、「わからない」という回答も二一・五％となっており、ややばらつきが見られる。「公表すべき」の最も高いのが中学校保護者で七一・一％、最も低いのが高校の六三・六％である。公表すべき理由として最も高いのが「学力を向上させるのは、まずは学校（教員）の責務だから」で五六・八％、次いで「学校毎の結果は学校選択のための基本情報のひとつだから」が五五・一％、「説明責任を果たすため公表するのは当然だから」三六・九％、と続いている（表1・4）。

それに対し、教育委員会側は、「学校毎の結果を公表すべきでない」が八六・七％と圧倒的多数である。「公表すべき」は三・一％、「わからない」は一・三％であり、保護者と異なり躊躇のない断固とした反対の意向が見てとれる。その理由として、「学校間の序列化や過度な競争に繋がるから」（九〇・九％）、「指導方法の改善に役立てるためで、公表しなくてもできるから」

表1・3　全国学力テストの結果の公表について（内閣府・規制改革会議）

（%）

		公表すべき	公表すべきではない	わからない	その他	無回答
保護者	小学校低学年 (N=660)	67.6	10.0	21.8	0.6	
	小学校高学年 (N=660)	64.4	10.0	24.7	0.9	
	中学校 (N=660)	71.1	10.6	17.9	0.5	
	高校 (N=220)	63.6	13.2	21.4	1.8	
	保護者全体 (N=2200)	67.3	10.5	21.5	0.8	
市区教育委員会		3.1	86.7	1.3	3.3	7.8

出所）内閣府・規制改革会議「学校教育に関する保護者アンケート」、ならびに「学校教育に関する市区教育委員会調査」、2009年3月。

表1・4　全国学力テストの結果の公表の理由について（内閣府・規制改革会議）
——「公表すべき」と回答した1480人の保護者について——

公表すべき理由	（%）
学力を向上させるのは、まずは学校（教員）の責任だから	56.8
学校毎の結果は学校選択のための基本情報のひとつだから	55.1
説明責任を果たすために公表するのは当然だから	36.9
行政が支援するとしても、透明性が大事だから	34.5
学力で評価していないので序列化や競争につながらない	20.9
その他	3.4

出所）内閣府・規制改革会議「学校教育に関する保護者アンケート」、ならびに「学校教育に関する市区教育委員会調査」、2009年3月。

（七四・二％）の二つが突出して高い。

あまりにも大きい教育委員会と保護者の回答差である。文科省の実施要領の内容を教委が踏襲しているという理由もあるかもしれないが、実際に地域の教育行政を担当する教委がこれだけ拒否的であることからみて、足立区などで指摘されているような「過度な競争や序列化」の事態がいつでも自分のところで起こりうることを多くの教委関係者はリアルに感じているのではないだろうか。それに対して、保護者の回答の理由は自校のことに関わるもので、他校との比較という視点は見られない。また、学校選択制のための情報提供、といっても全国で学校選択制を導入している自治体は十数％に過ぎず、リアリティが感じられない。おそらく、保護者に対する公表に伴うデメリットについての情報提供が不十分なのではないかと思われる。

いずれにせよ、短期間のうちにこれだけの情報開示請求やトラブルが生じることを政府など導入する側は予想せず、文科省も、実施要領で公表を禁じていればそれで済むと甘く考えていたのではないだろうか。「誰にもコントロールできない開示請求の連鎖反応」が起き、『排他的競争主義がシステムの中で暴走し、目標管理システムをも破壊[32]』し始めている、とする教育行政研究者の指摘は正しいのではないか、と思わされるような事態が起き始めている。

まとめ

全国学テ体制はこのように大がかりで、きわめて危険性をはらんだものであるという認識を国民が共有化していかなければならないだろう。財界、内閣府関連の規制改革会議など、結果公表をも含め、徹底的な英米タイプの新自由主義教育改革を推し進めようとする勢力に対し、文科省は「過度な競争」は避けようとはするものの、統制の拡大、まさに「教育現場へのやりたい放題」ができることに大きな魅力を感じているのではないだろうか。しかしながら、全国学テ導入により「インプット（教育条件整備）のコントロールからアウトプット（教育内容）のコントロールへ」の道を開いてしまった以上、内閣府や財務省によるダイレクトな教育行政への統制を許してしまう流れはとめることができないであろう。

今後、予想される義務教育費国庫負担制度の廃止により、文科省は、学校を統制する教育財政のルートを失い、学テと学習指導要領による教育内容統制だけを行う官庁になるのかもしれない。その全国学テにしても、開示請求で起きつつある暴走や自治体側の過剰な競争に対して、文科省の統制が利かなくなることが予想される。全国学テは、新自由主義教育改革のいわば「要《かなめ》」の役割を果たすものであるだけに、公教育制度の破たん的な状況をも生み出しかねない。

また、高度に競争的な教育制度によってすでにダメージを受けている子どもたちが、経済目的を優先させるトップダウンの改革、その絶えざる評価や早期からの選別によって、さらに困難な状況に追い込まれることが懸念される。一刻も早く、対症療法ではない、構造的な改革の見直しを構想していく必要がある。

（1）V. Fuller, *Inside Charter Schools*, 2000, Harvard University Press, pp.50.
（2）V. Fuller, *op. cit.*
（3）世取山洋介「『教育改革』の背景」、田中孝彦・世取山洋介編著『安倍流「教育改革」で学校はどうなる』二〇〇七年、大月書店、二四頁以降。
（4）渡辺治「新自由主義の行方と『もう一つの東京』」『月刊東京』二〇〇九年五月号、三頁。
（5）世取山洋介「新自由主義教育改革、教育三法、そして教育振興基本計画」『日本教育法学会年報』第三八号、二〇〇九年、有斐閣、一二一一五頁、一九一二〇頁。
（6）世取山洋介『教育改革および教育基本法改正論の新自由主義的側面の批判的検討』日本評論社、七一一八頁。
（7）山本由美『ベストスクール――アメリカの教育は、いま』二〇〇二年、花伝社、八一―八三頁。二〇〇〇年、ハーバード大学教育学部のロバート・シュバルツ氏の講義「スタンダード・ベースド・ムーブメント」において、日本の学習指導要領はスタンダードの一つのモデルとされた。
（8）刈谷剛彦『学力と階層』二〇〇八年、朝日新聞出版、二一頁。
（9）文部科学省「全国学力・学習状況調査に関わる実施要領」二〇〇七年。

(10)　文部科学省「義務教育諸学校に関する学校評価ガイドライン」二〇〇六年。
(11)　中嶋哲彦「犬山市はなぜ学力テストに参加したのか」、『子どもの権利モニター』二〇〇九年五月号、ＤＣＩ日本支部、二一頁。
(12)　中嶋、前掲論文。
(13)　足立区教育委員会「新教育システム開発プログラム平成一八年度事業実施報告」二〇〇六年。
(14)　杉並区教育委員会ワークショップ（二〇〇七年）「学校第三者評価を考える」におけるＩＢＭコンサルティングサービス株式会社・村昌信教育事業部長の発言より。
(15)　辻田力・田中二郎監修・教育法令研究会著『教育基本法の解説』（一九四七年）、民主教育研究所『いま、読む「教育基本法の解説」』二〇〇〇年、一六三頁（復刻版中一二七頁）。
(16)　学習指導要領「道徳」の四領域からなる内容構成が、そのまま改正教育基本法第二条の一～五項に〝格上げ〟されたものである。山本由美「道徳と道徳教育はどう変わるの？」、田中・世取山前掲書『安倍流「教育改革」で学校はどうなる』、八一～八三頁参照。
(17)　ドミニク・Ｓ・ライチェン、ローラ・Ｈ・サルガニク編著、立田慶裕監修『キー・コンピテンシー――国際標準の学力をめざして』二〇〇六年、明石書店、二〇〇―二一八頁参照。
(18)　例えば、前掲書、四二頁参照。
(19)　中央教育審議会（答申）「幼稚園、小学校、高等学校及び特別支援学校の学習指導要領の改善について」二〇〇七年。
(20)　国立教育政策研究所のホームページを参照。
(21)　「広島県三次市の平成一七年度に実施した学力テストにおいて、……教務主任が途中退席した生徒の答案用紙の未解答部分に答えを書き込んだ」等複数の不正行為が明らかになった。自由法曹団は、二〇〇七年、足立区及び三次市の不正行為を挙げて「全国学力・学習状況調査の結果公表に対する反対声明」を出している。

(22) 例えば広島県検証改善委員会（二〇〇七年～）は全国学テ結果の分析から学校改善支援プラン（二〇〇八年）を公表している。同様に、北海道でも「平成二〇年度全国学力・学習状況調査結果報告書」から「北海道学校改善プラン」公表、3「北海道確かな学び推進会議」の結成など、多くの自治体で取り組みが見られる。

(23) 宮永与四郎「学力・学力観の貧困化と排他的競争主義の氾濫――全国学力テストによる目標管理システムの構築と崩壊――」『前衛』二〇〇九年五月号、一七三頁。

(24) 国連子どもの権利委員会「第一回日本政府審査最終所見」一九九八年。

(25) 兼子仁「最高裁学テ判決（北海道学テ事件）の読みとり方」『季刊教育法』一九七六年、第二一号、エイデル研究所、九四頁。

(26) 大阪府枚方市公文書部分公開処分取り消し請求事件、枚方市独自の学力診断テストに関する情報について、市教育委員会が非公開とした部分が取り消された（大阪地裁二〇〇六年判決）。

(27) 岩手県花巻市で住民が花巻市情報公開条例に基づいて岩手県教育委員会実施の学習定着度状況調査の結果（二〇〇六年）を開示請求したが、一審、二審とも請求は棄却された（仙台高裁二〇〇八年判決）。

(28) 鳥取県では二〇〇七年の住民による情報公開非開示に対する行政不服審査法の異議申し立て認容にもとづき、二〇〇八年、鳥取県情報公開審議会が全国学テ結果の市町村別・学校別の公開を認める答申を出した。それに対し鳥取県市町村教育委員会研究協議会、全国連合小学校長会、部落解放同盟、日本教職員組合などが反対の見解を出している。

(29) 秋田県の寺田典城県知事は、二〇〇八年一〇月の住民の情報公開請求を受けて市町村別成績について市町村名を塗りつぶした形で開示、一二月、市町村名を含め成績を公表した。理由は、県民への説明責任がある、公教育はプライバシーを除いて公開が基本、などというものだったが、各教委、特に小規模自治体の教委はこれに反対した。

(30)　大阪府情報公開審査会は二〇〇九年、情報公開請求に対して非開示処分とした府教育委員会に、市町村別の結果を開示するよう答申した。学校別については「子どもに劣等感を持たせる」として、開示を求めなかった。

(31)　規制改革会議「平成二〇年度　教育委員会アンケート・保護者アンケート」二〇〇九年。

(32)　宮永、前掲書、一八一頁。

第2章　「学テ」と学校選択制がもたらすもの

――近年の「教育改革」進行とは裏腹に、教師の早期退職希望、精神疾患による病休や休職など目に見えて増加しています。どうしてこれほどまでに息（生き）苦しくなってきているのでしょう。現場にいる者として、まず意識するのは「あなたはちゃんと教育実践をしているのですか？」と問われる不安感をイヤでも持たざるを得なくなっていることです。①子どもとの日常的な関わりで、②父母との関わりで、③同僚との関わりで、④将来の教師生活の見通しで不安になると同時に、孤立感を深めているのです。職場に広がるこうした不安・孤立の根源には一連の「教育改革」があるはずです。

一方でまた、過日の足立区学力テスト不正行為問題の報道を見て、職場の一部で批判的に話題とはなっても、目の前の子どもたちへの対応だけに追われる多忙さから、それ以上かかわっていられない現実があります。ですから、これらの問題をどのような道筋で考えていけばよいのか

（入り口）、どう対処したらよいのか（出口）わからない、というのが正直なところです。

このようにモヤモヤした現場へ持ち込まれた「埼玉県・教育に関する三つの達成目標」（学力、規律ある態度、体力）の実践と検証にしても、「全国学力・学習状況調査」（以下「全国学テ」）にしても、結果の公表と学校選択制の問題と関わっている以上、私たち自身がどう主体的に考え、対応していくのかが問われます。まず、その「ねらい」や全県的・全国的かつ具体的な事例（実態と影響）を知っていくことが必要だと痛感します。

1　学力テストを要として

六〇年代「学テ」とのちがい――全ての学校を評価の網の目に

山本　六〇年代学力テストは、ご存じのように、英数国理社の五教科、中二対象で、指導要録への記載ありというものでした。財界が人的能力（資源）開発政策、マンパワーポリシーという高度経済成長期に対応した「人づくり政策」をうちだしてきた時です。
それを受けた文部省が、一九五八年学習指導要領改訂から、法的拘束力があるという主張を始めた。いわゆる逆コースの流れの中で、教育内容の統制、中央集権化を意図する、学習指導要領の内容を定着させ教育内容統制を進めるという意味で、主要五教科、中二対象でやったと思います。

今回は、対象学年は小六と中三、教科は国語・算数のみで、生活調査プラス学校調査があるということで、形態もだいぶ違うのですが、最大の違いは、学校評価をするための手段だということです。

教育内容統制というよりは学校評価の網の目をすべての学校にかけることが大きな目標になっています。だから、教科は一つでも二つでもいいし、本当は名前の記載なんて必要ないと文科省は思っているはずです。個人情報保護とかの指摘もありましたが、あれは教育運動としては有効ですが、やや的はずれな批判だと思っています。むしろ学校が参加するということに、学校をとにかく全部そこに絡め取るというか、網の目をかけることが目的であったのだと思います。だからすべての義務教育学校の最終学年にかぶせて行ったのです。その点で、犬山市が参加しなかったというのは、大きな意味があります。闘いとして「学テをやらない」というのはとても重要なことです。

学校評価と新学テはセット

――六〇年代学テと今回のちがいについては僕らはあまり意識してこなかった。

山本　この間、文科省は、学校評価と学力テストをセットにしてずっと施策を進めています。二〇〇六年に文部科学省の中に二室の「教育水準向上プロジェクトチーム」が作られ、一つが「学校評価担当調査室」、もう一つが「学力担当調査室」の構成になっています。

評価と学テはセットで行うということが流れになっていますし、二〇〇六年に出された「義務教育諸学校における学校評価ガイドライン」という文科省の指標を見ていただくと、今回の新学テの学校対象テストの質問項目はほぼすべてが組み込まれていて、ガイドラインにほぼそって学テをやる、というねらいがあるのがよくわかります。

文科省や財界が全国学テの実施を明確に言いだしたのは二〇〇五年です。

その前には、まず自治体レベルで、「学校の自己評価」が先に出てきています。保護者、地域住民に説明するために、自己評価をするべきだという、一九九九年の中教審答申「今後の地方教育行政のあり方について」で初めて自己評価が出てきているのです。翌年から品川区で教育改革が具体化し、外部評価や自己評価が自治体レベルで入ってきます。自治体での学力テストも、全国で初めて、荒川区が二〇〇二年に行って、品川区が数ヵ月遅れて、東京都が二〇〇三年。その後、文科大臣がポロっといっているのは除外して、正式に全国的に学テが提唱されたのは、二〇〇五年の、「骨太方針二〇〇五」と臨教審答申「新しい義務教育を創造する」でした。

学校序列化のかなめは学テ

山本　今回の教育改革の一番大きなポイントは、学力テストです。いわゆる新自由主義教育改革は、いくつかの制度によって全体を構成しているのですが、学テが要《かなめ》になります。学テは、テスト結果による学校評価、教員評価、学校選択制、さらには、生徒一人当たり教育費配分制度（バウチャー制度）などとセットで行われるのが特徴です。

諸外国を見ても、一般的には、甘口の改革である学校選択制が先に入ります。最初に選択制が入り、一見すると学校レベルの自律性が拡大し、その後で学テによる統制がかぶさってきます。学テには、必ず教育内容の基準（スタンダード）設定がともない、日本だと学習指導要領という基準がありますが、アメリカなど、それまでスタンダードなどないところは、州ごとにスタンダードと学テを同時に導入します。その結果を発表して、学校評価と教員評価を行って、その結果に応じてお金を差別的に配分したりしていくのです。

結果を発表していくことによって、学校選択制がリンクして動き出す。選ばれる学校とそうでない学校とがでてくるといった選択結果も、ある種の学校評価として機能していく。さらに予算を差別的につけていくことになると、ますます成功している学校とそうでない学校と序列的にわかれていく。選ばれない学校は淘汰されていく。本来平等な教育サービスを提供するはずだった学校を序列的にして競争的に再編したいときに、学テ、評価、選択制、財源配分といった制度が有効に機能します。

学テは、評価の網の目をかけて学校を競わせれば、学校間、自治体間の競争になりますから行政はほうっておいても勝手に競争して、勝手に統制できるというか、安上がりのお金で統制と競争ができるという「メリット」があります。

今のところ文科省は結果を公表しないと言ってますけれども、いままで導入したところで、例えば東京都などでも自治体の順位は公表、新聞報道されてしまいましたが、その理由は保護者からの要求があったということです。

今度、改悪された学校教育法第四二条で、「小学校は、教育、その他の学校教育の運営について評価を行い、その結果に基づき学校運営の改善を図るため必要な措置を講じることによりその教育水準の向上に努めなければならない」となりました。当然、教育活動の評価ということで、学テが入って来るでしょう。さらに、第四三条は「保護者への情報提供」で、評価して保護者へ情報提供することが、学校教育法に盛り込まれました。ですから、保護者から要求があれば、当然学テ結果を公表しなければいけなくなるでしょう。保護者側から要求があると言えば伝家の宝刀ですから。この学校教育法の二つの条文が、たぶん学テの情報公開で使われるんだろうと思います。

――開かれた学校とか学校参加という反対しにくいかたちで行政の意図を押しつける現状もあります。

山本　あるべき学校参加でなくて、政策側がやるような、学校評議員制度など、地域の保守層が学校をコントロールするような、あるいは教師と保護者をむしろ分断するような「学校参加」があります。そういういくつかの制度を使いながら、公教育を序列的に再編して、早くからエリートには資源が重点的に配分され、非エリートにはそこそこの教育をあてがうというように、学校教育を再編していく仕組みだと思います。その仕組みの中で「学テ」は要《かなめ》なのです。

２　学校選択をてこに統廃合へ

反対しにくい学校選択制

――学校を序列化、再編するための「学テ」の役割を説明していただきました。もう一つの大きな問題は「学校選択制」です。「学テ」より前に導入されています。

山本　「学テ」の前に選択制を入れて、地域の共同を壊してから学テを入れるのです。学校選択制は「自由に選べる」というところが反対しづらいところです。保護者にとっては、「選択の自由が拡がる」といわれれば魅力的に思えるし、そのデメリットは説明されません。

でも、品川、足立、荒川など導入されたところでの問題のある実態をみて、それを学習して選択制を導入しなかった自治体もあります。例えば、兵庫県の宝塚市と仙台市です。調布市もＰＴＡが反対したのですが導入されてしまいました。宝塚は、保護者が各ＰＴＡレベルで、選択制が何をもたらすか、品川のケースなどを学習しました。また、二〇〇一年に学校乱入事件があった大阪教育大学附属池田小にも近く、小学校一年生が誘拐されて殺された奈良の事件の直後でもあり、児童の通学などの安全面についてずいぶんと議論したそうです。

学校選択制は、デメリットが多い制度ですが、行政が導入するときはほとんどデメリットの情報は出されません。

統廃合を目的とした学校選択制

山本　学校選択が日本ではじめて導入されたところはどこかご存じですか。足立区が一番早かったのです。その時、民主教育研究所の共同調査で足立区に入っていたのですが、一九九六年度から、「通学区域の弾力化」と称して、教育委員会が提示した理由を挙げればフリーハンドで学校が選べる、実質的な学校選択制が導入されました。

もともと足立区は階層があまり高くなくて私立進学が少ないので、わりと公立間での越境入学がある地域だったのです。それで親の教育要求を満たしてきたような伝統があったのです。

もう一つのねらいは統廃合です。足立は戦後、人口が急増したくさん学校ができ、中学校が三七校、小学校が七〇校以上になりました。その後、人口減、少子化で小規模化した学校を統廃合しようとしましたが、地域住民と教職員組合の関係が強く、対象となった地域では反対運動が大変だったのです。他にも小規模化した学校があるので、学区自由化によって、学校と地域の関係を弱め、統廃合をしやすくするという意図があったのです。実質的な学校選択制導入と前後して、統廃合計画が公表されました。その時、この小学校は将来統廃合されると校名が区報にでて、あっという間に選択制で入学者が減ったというケースがありました。その学校は、地域や教職員の盛り上げでいったん新入生を増やしましたが、最終的には統廃合されました。

――統廃合を利用して組合員を異動させて組合の力を弱めるという攻撃も同時にありましたね。

山本　調査に入ってわかったのですが、教職員組合勢力の分断という目的もあったようです。組合の拠点校、組合の先生がたくさん集まっている学校を、人事異動によって足並みを乱しておいて、ちょうど荒れているときに選択制の導入を図るといったことが行われました。
　また、あの中学校には行かないようにという情報を、小学校の校長先生が流すなど、さまざまな情報操作も行われたようです。地域の学校を中心とした共同関係を壊すことで、組合を分断しようとしたのです。

手を汚さずに統廃合

――今、学校選択制でおきている共通の問題――選択制をやりながら統廃合にもってゆく――は足立でもありましたか。

山本　足立区で起きていた一番大きな問題は、人気校への集中と小規模校が生まれるということです。規制をかけないでフリーハンドの選択制を導入すると必ず集中化と小規模化が起きます。単学級構成の小規模校を保護者は普通避けます。

　あと、保護者は風評で動きます。さらに行政が情報提供して「風評化」する、統廃合対象といった情報が一回流されると、あっという間に小規模校はさらに小規模化します。当初から行政が統廃合をねらえば、手を汚さずに統廃合をすることができます。それから学校が自分たちで競わなければならないので、行政が条件整備を放棄できるという「メリット」もあります。

すべての学校の条件を一緒にして競わせるのではなくて、新設校もあれば古い学校もあるのに、施設が十分でない学校も、学校の自己努力で選ばれるようにしろ、というスタンスをとるのです。特に校舎改築時期を迎えている地域では、行政は選択制を導入して、ぼろぼろの体育館や校舎を放置して置けば、当然選択されないようになります。

さらに行政は、「小規模校は問題がある、競争心が育たない、教育的効果があがらない」というような情報を流して親の選択行動をコントロールし、統廃合に持っていくということが多く見られます。

文京区など東京都の中心の方などでは、行政が学校跡地の売買など不動産売買に非常に力を入れているといった、不動産業を積極的にやるために、自治体が率先して統廃合を進めているケースもあります。幹線道路沿いの一等地にある学校などがねらわれやすいです。

選択制の導入とほぼ同時期に、自治体が学校の適正規模と最低基準を設定しています。選択制導入後、児童・生徒数が最低基準を割ってから二年ぐらい待って統廃合と、そういう自治体がいくつもありますね。だいたい二〇〇一年から二〇〇八年の間に二三区では約一三〇校の小中学校が減っていると思います。

3　子どもたちや学校は？

学校・地域の二分化、荒れとプレッシャー

――選択制の導入で子どもたちや学校がどう変化しているか。

山本　私の経験では、選択制導入後四～五年経つと地域が荒れてくるような気がします。足立・品川は、荒れが目立っているようです。

一つは、生徒が学区を超えて入学してくるので、それまでは学校単位で問題を起こしていたような子どもたちが学区を越えて、「広域不良少年団」のようなネットワークがうまれてくるということがあります。

さらに、学校単位の生活指導が行き届かなくなってきます。家庭訪問ができなくなり、むかしだったら地域で問題を起こしていた子を、地域でみんなで力を合わせて立ち直らせていくようなことができたのに、すぐ鑑別所に送るとか、警察が出てくるようになります。それと、中学校がはっきりと二分されてくる。就学援助率が高い貧困地域の学校ほど「学テ」の成績が低くなっている。選択制ではっきりと、学テの結果の高い学校と、そうでない学校とに二分化されてくると、下位の学校がさらにスラム化してくるというか、地域も荒れてくるというか、非常に投げやりな学校になってくるというような状況が生まれています。

マンモス校の悩み

山本　上位の学校がうまくいっているかというと、生徒数が多くなりますから、管理的にしないとやっていけないので、それなりに生徒にプレッシャーがかかる。

三月末に、選択制人気校の足立一四中の校長先生と話す機会がありました。一四中は学力テスト上位、三学年とも九クラス編成という東京都で最大の学校です。埼玉県からの越境者もある駅のそばの大きな学校で、吹奏楽、水泳、陸上などさまざまな競技で全国大会レベルという、運動部が盛んなところです。

でも学校が満杯で空き教室ができず、そのため、少人数指導ができないという話でした。一番困っていたのは、選択制で抽選があり入学が決まった後に、三月末になってから、学区に住民票を移して入学しようとする子どもたちがでてきている、ということでした。教育委員会が生活実態があるかどうか調査に入るということで、三月末ぎりぎりになってたいへんな事態であるというのですが、そこまでしてやっぱり吹奏楽をやりたいとか、そういう思いがあるからそれを無碍に断ると言うことはできない、と校長先生は言っていました。また、不登校が多く、その対応も大変だそうです。

学テについては、公表するのは絶対おかしい、自分のところはものすごい努力で上位を保っているけれど、不正があるということについては、もうずいぶん前から噂になっていると校長先生は言っていました。

よく足立の先生は現職死が多い多いといわれますが、退職して一〜二年して亡くなる人が多いほど、校長職はほんとうに激務だということです。

生活態度も点数化して学校評価

山本　足立でもう一つ最先端なのは、文科省の初等中等教育局が過去最大級に予算をつけたプロジェクトである「新教育開発プログラム」として、足立区教育委員会、国立教育政策研究所、日本ＩＢＭビジネスコンサルティングサービスの三者が共同で、学校評価のプロジェクトをやっているところです。平成一八年度は二校の小学校で試行して、一九年度が一二小学校、二一年度から全部の小中学校で導入するというのですが、国研とＩＢＭが学校に入り、学力、生活態度、地域との連携・保護者との連携の三指標で学校評価を、「バランス・スコアカード」を用いて、点数化して学校評価を行っています。

――適切な生活態度、保護者地域の連携、埼玉の三つの達成目標（学力・規律ある態度・体力）との連携が入っている。数値化できない、すべきでない活動を数値目標をたてて強制させるという動きはどこでもやられるようになりました。

山本　足立区役所の窓口の人が、イギリスの教育水準局（ＯＦＳＴＥＤ）の評価指標を直訳したものですと、自慢していました。評価項目はイギリスから導入されたものです。教育水準局は、イギリスですべての学校と教育委員会の査察をやって評価している機関で、第三者機関として日本でも導入したいと安倍首相（当時）が言っているもので、足立はそういう意味では日本で最も先端です。

――そんなに素晴らしいものなんですか？

山本　学校や子どもにとっては、あまりいいことはないです。学校訪問してチェックをする昔の視学官みたいなものです。その間は、子どもに遅刻しないようにとか、授業で手を挙げるようにとか、学校は大変なようです。

子どもたちを傷つける統廃合

山本　学校選択とそれを利用した統廃合が、クラスの荒れや不登校などを引き起こし、子どもたちの心を傷つけたケースがあります。二〇〇七年六月に出した『地域が子どもを守る――東京・東久留米の学校統廃合を考える』（共著、ケイ・アイ・メディア）は、東京都東久留米の学校統廃合の経緯を検証してきた本です。

滝山小という、地域に根づいた教育実践が行われていた学校が統廃合されてしまった。保護者の選択行動を利用されて、運動が分断されてしまったのです。また、教職員と保護者の間も分断されてしまいました。そして強引な統廃合をやった結果、高学年の荒れや低学年の行き渋りなどがおきました。高学年は中学に行っても荒れ続けている。しかし、行政の評価を気にする管理職は、荒れは統廃合のせいではなく、個々の子どもの問題、家庭の問題、という見解を一切変えませんでした。それが事態を一層悪化させせました。

本の中で、統廃合によって、子どもたちが一種の心的外傷状態になっている、子どもたちがその孤立感、無力感の中で、心に傷を負って、大人に対する信頼とか、集団に対する信頼もなくしてしまって、それが癒されない状態だ、ということを、臨床教育学者の田中孝彦さんは分析されています。

学校や教師が、評価や目に見える評価、数値化させる評価を気にすると、結局、子どもの実態をないがしろにする。子どもは、評価に応じて発達していくものではありません。発達にはアップダウンもあるし、いちいち目の前の評価だけ気にして発達していくものではないのです。そういうものに過剰に適応していく子どももおかしくなっていくだろうし、長い目で見て、いろいろな課題を時間をかけて乗り越えながら発達していくことができなくなってしまいます。そういう意味で、評価で学校を競わせる、あるいは学力で競わせるということは、子どもや子ども集団にダメージを与えると思います。

また、品川区の八潮南中は、昨年度新入生ゼロになり今年の三月末で統廃合されました。一年生が一人も来ないとわかった時に、二年生の男子は全員ばらばらに他の学校に転校していったそうです。そこでは、生徒集団の意味が、すでになくなっていたのではないでしょうか。選択制によって、いじめっ子を避けて他の学校にいくとか、そういう残酷なことがいろいろなところで日常的に起こっています。子どもたちが異質なものを受け入れながら、集団をつくって変わっていくとか、成長の機会を奪ってしまうものが選択制の中にあると思います。そのような意味で、子どもに大きなダメージを与えるという点はこの間の「教育改革」全般の最大の問題というふうに思っています。

――山本さんのお話で特に印象深かったことは、三つありました。一つめは、六〇年代全国学テと今回の学テの本質的な違いについてです。六〇年代学テは中学二、三年生で五教科実施。教育内容の国家統制にねらいがあった。今回の全国学テは小六、中三で国・数二教科。学校評価をする手段として実施し、公教育の序列化・再編にねらいがある。犬山市が参加しなかったことに大きな意味があるという指摘からは、今回の全国学テこそが「教育改革」の要《かなめ》であり、六〇年代学テの単なる復活ではないのだと確認できました。

二つめは、学校選択制導入がもたらす教育と地域荒廃の事実についてです。東京・足立区の事例から、学校選択制導入に始まる学テと学校評価の行き着く先が統廃合であり、子どもへの深刻なダメージが避けられないことがよく理解できました。

三つめは、全国・自治体レベルでの学テ、学校評価、統廃合がすべて数値で進められる結果、学校も教師自身も子どもの実態をないがしろにしていくという指摘です。子どもたちの人格形成に深く関わる学校から子どもたちへの眼差しが奪われていくということは恐ろしいことです。

研究者として調査活動を精力的に取り組む山本さんの説得力あるお話から、学校の役割・教師の役割をあらためて見つめ直していかねば、と思いました。そしてやはり、教師である以上、子どもたちに寄り添って、同僚と子どもたちの様子を語り、学び合い、父母と語り合っていくということ、教師としての原点を何よりも大切に実践し続けること。それを妨げる動きには黙っていないこと。それが、いま一人一人に求められているのだと思います。

学校現場にいる一教師として、今感じていることを率直にお話しし、山本さんから専門的な立場で見解をうかがう機会を持てたことに感謝します。ありがとうございました。

［聞き手　島田　勉（さいたま教育文化研究所）］

第3章　新自由主義的な学校統廃合とは何か
――戦後第三の統廃合ピークを迎えて――

1　新しい段階の学校統廃合

「学校統合が、子ども、教師に与える弊害は、子どもの健康と安全の障害、子どもの遊び場の喪失、学力・学習意欲の停滞、非行化、家庭教育の否認、教師の多忙化と管理体制の強化、親の経済負担の増大、学校と家庭、地域の疎遠等が一般に挙げられる(1)。」

戦後の学校統廃合の実証的な地域調査研究を重ねてきた教育社会学者の若林敬子は、一九九九年、著書『学校統廃合の社会学的研究』の中でこのように書いている。それを改めて読みなおして、この時点では、学校統廃合は関係者にとって忌避したいこと、悲しむべきこと、という認識がごく自然なものであったことに今さらながら感慨を覚える。地域の学校がなくなるのは悲しいことなのだった。

今、この日本で自分の子どもの学校の統廃合に直面する多くの保護者たちは、これらのデメリットを自然な感情として受け入れることはできないだろう。自分の地域で学校がなくなることを、自然な〝悲しみ〟としてではなく、むしろ新しい大規模校や〝エリート校〟に通えるのは子どもにとって歓迎すべきこと、と少なからぬ保護者は思っている、あるいは思わされている。それほどまで、保護者を取り巻く、切磋琢磨論、大規模校の教育的効果論、子どもの競争歓迎論、そして自己選択、自己責任論は強力である。このような新自由主義的なイデオロギーにさらされて、多くの保護者は不安を煽られ、コミュニティにとっての学校の価値は極めて軽視されている。

あるいはまた、学校というものの存在が深く〝病んだ〟ものになっているのかもしれない。若林の前書の中で、すでに二六年前の一九八二年に、本来の役割を失い、教育「荒廃」に抗せない学校の自己閉塞を憂える、教育社会学者、松原治郎の文章[2]が紹介されている。彼は、そのような現実を変えるものとして〝地域の復権〟〝学校の再生〟を主張したが、今日、状況は一層悪化してしまったようだ。そのような学校は、保護者や地域住民にとってもはや守るべき価値あるものではなくなってしまったのかもしれない。しかし、この〝地域の復権〟〝学校の再生〟こそ、今日、日本の子どもにとって切実に求められるものではないか。

本章では、新自由主義教育改革の中で、公教育を序列的に再編するための〝手段〟として、新自由主義イデオロギーを駆使されながら行われる現代の学校統廃合を検証していきたい。その際、①従来、過疎地や小規模自治体に特徴的であった学校統廃合が、都市部に拡大したこと、②都市部の学校選択、学校統廃合で駆使される新自由主義イデオロギーが過疎地を含む日本全国で共有化されること、③統廃合を含む改革への対抗軸、に着目したい。

2　戦後第三のピークを迎えた学校統廃合

①統廃合を推進する政策

今日の学校統廃合は、新自由主義教育改革の一環として行われる。

新自由主義教育改革とは、国家が決定した教育内容にかかわるスタンダードの達成率（学テ結果）に基づく、学校間・自治体間の競争の国家による組織を内容とし、エリートと非エリートの早期選別を目的にした、徹底した国家統制の仕組みである。すなわち、全国学力テスト、学校評価、教員評価、学校選択制、バウチャー制度などとともに学校統廃合もがトータルで機能することによって、そのような仕組みができあがる。特に、日本の場合、学校選択制と学校統廃合の関係は密接である。保護者にとって甘口の改革である選択制導入当初は、その目的は巧妙に隠されているが、次第に統廃合が目的であることが明らかになる場合が多い。

大方の改革が出そろってきた中、現在、政府による財政的なコスト削減を目的とする統廃合推進の流れは顕著である。二〇〇八年、財務省の財政制度等審議会は「平成二〇年度予算編成の基本的考え方について」の中で、この三〇年間で子どもの数は四割減少したのにもかかわらず公立小中学校数は数パーセントしか減っていない、「小規模校には教育政策・効果上の問題があり、財政上も非効率」であるがゆえ、積極的な統合・再編を進めるべき、としている。財務省調査は、二〇〇五年に小・中学校三八四校を二二一校が統合したところ、人件費を中心として統合前より小中合計で一七〇億円の効率化につながった、と評価する。そのような圧力を受け、〇八年六月、文科省は中央教育審議会に対して、「学校統廃合の促進について具体的な検討」を要請したが、その理由として、少子化による小規模校が増えたことに対し、「教育上、学校にある程度の規模は必要」と教育的な効果に基づいた理由を挙げている。また、全国的に進められる〝平成の市町村合併〟に伴う学校統廃合については、「新たな市町村合併支援プラン」（〇五年）により教職員定数の規制緩和、スクールバス購入など優遇措置がとられている。

自治体レベルでも、東京都では、〇七年度から「新しい学校づくり推進事業」によって統廃合対象となった学校への教師の過配や建設費の優遇、さらにスクールバスの運行費負担など誘導政策をとっている。その結果、〇八年度にこれまで統廃合の実施に慎重だった自治体にも急速な計画化、実施が見られる。

②市町村合併に伴う増加

文部科学省文教施設企画部が集計している公立学校の年度別廃校発生数（表3・1）を見ると、それまで横ばいだった廃校数が二〇〇〇年以降急速に増え、〇四年に一つのピークに達し、その後も高い数値を保っていることがわかる。特に、小学校と高等学校の廃校数は、この間急速に増

表3・1　公立学校の年度別廃校発生数

（学校数）

年度	小学校	中学校	高校等	計
1992（H4）	136	42	11	189
1993（H5）	100	43	12	155
1994（H6）	160	47	8	215
1995（H7）	122	46	11	179
1996（H8）	163	43	19	225
1997（H9）	122	50	13	185
1998（H10）	153	47	17	217
1999（H11）	123	43	18	184
2000（H12）	199	51	15	265
2001（H13）	221	64	26	311
2002（H14）	228	68	46	342
2003（H15）	276	80	65	421
2004（H16）	372	118	86	576
2005（H17）	316	71	70	457
2006（H18）	248	70	104	422
2007（H19）	273	76	115	464
計	3212	959	636	4807

出所）文部科学省。

加している。また、一九九二年度から二〇〇七年度まで一五年間の公立学校の都道府県別廃校発生数（表3・2）を見ると、多い順から、北海道（五四五校）、東京（三一四校）、新潟（二五〇校）、青森（二一七校）、岩手（一七一校）、熊本（一六八校）、広島（一五五校）、大分（一二七県）、福島（一二六校）そして、秋田（一二四校）と続く。ただし、北海道、高知県などは廃校数のみが公表されているが、背後に「休校」扱いの学校の存在があるので、実態はこれよりも多いと思われる（例えば二〇〇七年度末の北海道の小学校廃校数は三八校だが、休校数は一八校である）。

文科省は、都道府県ごとの年度別推移を公表しておらず、都道府県当局もそれ

表3・2　公立学校の都道府県別廃校発生数（1992～2007年度）

都道府県	小学校	中学校	高校等	計	都道府県	小学校	中学校	高校等	計
北海道	381	132	32	545	富山	72	3	5	80
東京	181	79	54	314	愛媛	47	25	7	79
新潟	178	41	31	250	栃木	59	10	8	77
青森	164	49	4	217	高知	46	21	6	73
岩手	109	41	21	171	群馬	37	16	16	69
熊本	131	36	1	168	宮城	37	21	11	69
広島	132	9	14	155	三重	48	8	10	66
大分	81	29	17	127	千葉	35	8	18	61
福島	105	17	4	126	静岡	29	21	10	60
秋田	97	19	8	124	愛知	30	11	18	59
福岡	75	20	23	118	埼玉	39	1	18	58
山形	72	30	10	112	鳥取	40	1	13	54
長崎	75	22	13	110	茨城	39	5	9	53
神奈川	44	12	50	106	鹿児島	9	26	12	47
兵庫	66	18	19	103	徳島	28	6	11	45
島根	69	30	3	102	山梨	24	9	9	42
石川	77	14	10	101	宮崎	26	9	5	40
京都	77	18	5	100	長野	37	2	0	39
岐阜	52	20	28	100	福井	32	1	0	33
和歌山	68	26	0	94	香川	23	5	3	31
岡山	52	17	22	91	佐賀	20	6	2	28
奈良	66	3	21	90	滋賀	19	4	4	27
山口	44	38	8	90	沖縄	1	11	1	13
大阪	39	0	42	90					
					計	3212	959	636	4807

出所）文部科学省。

表3・3　いくつかの自治体の年度別廃校発生数

	北海道				東京都		新潟県			青森県				熊本県		広島県	
	小学校		中学校		小学校	中学校	小学校		中学校	小学校		中学校		小学校	中学校	小学校	中学校
	廃校	休校	廃校	休校				(うち分校)			(うち分校)		(うち分校)				
93年度末	3	11		1	23	0	7	2	1					2	0	3	0
94年度末	19	12	3	2	4	2	6	1	6					2	0	8	0
95年度末	12	13	8	3	5	0	10	2	1					9	11	7	0
96年度末	25	10	3	3	10	0	12		0	2	1	4		2	0	5	0
97年度末	26	10	7	1	12	6	2		2	6	1	1		2	0	3	0
98年度末	18	11	8	1	6	7	5	1	0	0		0		2	0	3	0
99年度末	21	15	4	1	12	4	9		1	11	1	2		4	1	5	3
00年度末	16	13	5	1	9	2	11	1	1	6		0		2	1	3	0
01年度末	25	15	16	2	19	7	11		1	8		0		7	1	13	0
02年度末	31	21	6	2	36	9	7	1	4	16	2	4		3	6	14	1
03年度末	31	17	12	0	12	2	18		2	11		2		20	2	15	0
04年度末	33	19	17	0	8	5	17		1	11	1	1		12	4	12	2
05年度末	38	18	13	1	19	13	1		1	15	1	7	1	25	6	8	1
06年度末	38	18		2	2	8	7	2	1	20	1	3		10	1		
07年度末	43	16		2	12	6	7		3	3		2		9	1		
08年度末					12	13	9		0	10		4		9	1		
計	379	219	102	22	201	84	139		25	119		30		120	35	99	7

ほど積極的には廃校数の推移を公表していない。表３・３は、北海道、東京、新潟、青森、熊本、広島の年度別小・中学校廃校数を各都県庁の担当部署に確認して作成したものである。一九九三年度から現在までの廃校数の推移を見ると、東京都以外は二〇〇一〜〇二年度頃から急速に廃校数が増加していくことがわかる。これは、いわゆる〝平成の市町村合併〟に伴うものである。

これまで、戦後、学校統廃合は二度のピークを迎えてきた。

第一のピークは、一九五〇年代前半の〝昭和の大合併〟である。中央による新たな地方の再編のため、一九五三年の市町村建設促進法、五五年の新市町村建設促進法により、全国に約一万あった自治体は約三千にまで減少した。その際、文部省は、五六年の事務次官通達「公立小・中学校の統合方策について」、五七年「学校統合実施の手引き」を出し、「適正規模」を提示し、都道府県教委を通して統廃合を促した。五八年、義務教育諸学校施設費国庫負担法および同施行令によって、従来、三分の一が国の財源補助だった校舎建築が、市町村合併・学校統合によって新学校の校舎を建てる場合は二分の一まで引き上げられることになり、さらに合併が誘導された。行政効率性から算出された、人口八〇〇〇人に一中学校（一二〜一八学級規模）という数字が算出されたが、この「一二〜一八学級」という数字は学校教育法施行規則、義務教育費国庫負担法施行令等に残存し、後に「適正規模」として独り歩きすることになる。また新自治体の一体策のシンボルとしての統合中学校が求められたために、中学校の廃校数が最も多かった。

第二のピークは、高度経済成長期以降、人口の流出で過疎地が生じた一九七〇年代であり、一九七〇年の過疎地域対策緊急措置法により、過疎地対策として、統合の際の校舎建築国庫負担率はさらに三分の二にまで引き上げられ、多くの統廃合、特に小学校の廃校を生みだした。その結果、山間部などで学校統廃合に反対する住民紛争が多発したこともあり、七三年、文部省は、無理な統廃合は避け「小規模校として存置し充実する方が望ましい場合もある」といういわゆる〝Uターン通達〟を出すに至り、統廃合推進政策はようやく転換された。

その後、一九八〇年代から、行政改革に伴う少子化を理由とした都市部の統廃合が登場するようになる。例えば、若林が挙げる東京都千代田区の大規模統廃合[3]（表3・3の東京の九三年度末の廃校数二三校中一八校が千代田区の小学校）などが典型である。統廃合が都市部のものになり、やがて、学校選択という新自由主義イデオロギーがかぶさるようになっていく過渡期である。その後、九六年、全国に先駆けて、足立区で「通学区域の弾力化」による実質的な学校選択が、学校統廃合をスムーズに進める手段となることを想定して導入されることになる。

③平成の大合併と統廃合

政府が、二〇〇五年三月を期限とする「市町村に関する合併特例法」のもと、市町村合併推進を推進してきた理由は、〝グローバル国家への再編〟すなわち、経済のグローバル化の中で進む「『住民の生活領域としての地域』と『資本の活動領域としての地域』との乖離を後者の論理によって強制的に再編統合する[4]」もの、と地域経済学者の岡田智弘は分析する。地域を再編することによって、多国籍企業に市場を開き、国内ではより強い少数の経営体に資源を集中し、圧倒的多数の小規模経営体を切り捨てていく。それは、政策側にとっては、「小規模自治体の地方交付税・交付金の削減と強制的な市町村合併による、財源の大都市への集中と農村支配体制の広域再編[5]」という意味をもつものでもあった。

政府は、さまざまな「アメとムチ」施策を駆使して合併を強力に推進した。例えば、学校についていえば、合併すれば合併特例債等の財政措置が新自治体には認められるため、学校統廃合を合併後の建設計画に組み込んでおけば用地の取得にも校舎建築にも適用でき、少ない負担で新校舎新築ができるという小規模自治体にとってのメリットもあった[6]。自治体の中には、将来的な義務教育費国庫負担の改廃によって学校維持や改築ができなくなることを懸念し、この際早めに学校統合してしまおうという動きも見られた。

全国で最も合併が顕著だったのは、新潟県、広島県、愛媛県であるといわれるが、表3・2に見るように新潟県は廃校数第三位、広島県は第七位と上位に位置する。愛媛県については、島しょ部にある学校が多く、実質、通学条件などから統廃合が不可能なケースが多かったとされるためか、廃校数の上位には位置していない。

また、大都市へ小規模町村が吸収合併されるケースよりも、小規模の複数自治体同士の合併で元の自治体間の力関係が拮抗しているケースの方が、統廃合が行われやすい傾向があると自治体問題関係者は述べる。典型的なケースとして新潟県佐渡の全市町村（両津市および七町・二村）

の佐渡市一市への合併に伴う大規模統廃合があるが、さしたる反対運動が起きなかった。また熊本県、秋田県、福島県、茨城県なども、小規模自治体同士の合併が多い自治体とされるが、特に小学校の統廃合が激増している。

逆に、市町村合併に消極的な自治体として、北海道、東京、大阪が挙げられるが、北海道と東京の廃校数は全国で最も多い。北海道の場合は、極端な過疎化および自治体の財政破たんに要因があると思われる。例えば、二〇〇七年に夕張市は市内全七小学校を一小学校に、四中学校を一中学校に再編する大規模統廃合計画を公表したが、市の財政破たんで削減された教育委員会の職員数と予算では、管轄の複数の学校を修繕することすら難しくなっていると当時の担当者は述べている。

3　新自由主義的な学校統廃合

①東京に見る学校選択制と学校統廃合のリンク

それに対して市町村合併に消極的だった東京都では、表3・4に見るように、二〇〇〇年〜〇四年までの児童・生徒数の減少から〇四〜〇九年推計では、児童・生徒数は増加に転じている。これは近年の千代田区、江東区、港区、江戸川区などの巨大再開発事業や都内中心部への人口回帰現象などによるものであると思われる。それにもかかわらず、保護者の選択行動を利用した統

表3・4　東京都23区における児童・生徒数の推移

	2000年度実数	2004年度実数	00→04年度増減率(%)	2009年度実数（推定）	04→09年度増減率(%)
小学校数	898	870	△3.1		
中学校数	422	411	△2.6		
小学校・児童数	330,180	337,426	2.2	351,050	4.0
中学校・生徒数	144,415	130,412	△9.7	136,332	4.5
児童・生徒総数	474,595	467,838	△1.4	487,382	4.2

出所）各年度公立学校統計調査などをもとにした新潟大学教育人間科学部比較教育学ゼミ作成資料による。

廃合が多発しているのが東京都の特徴である。

表3・5A／Bは、東京都の学校選択制と学校統廃合の実施状況である。二〇〇〇年の品川区を皮切りに選択制は急速に広がり、〇五年頃までに二三区中一九区が何らかの形態の選択制を導入した。また、市部でも、〇一年の日野市以来、八市は比較的早い時期に選択制を導入し、住民の反対運動があった調布市のみがやや遅れて〇七年に導入している。しかし、市部では区部と異なり、他の過半数は選択制を導入していないし、ほとんどが導入の検討もしていない。このように、市部の場合、学校選択・学校統廃合といった改革に積極的な市と、全く改革に着手しない市にはっきりと二分されるのが特徴的である。多摩市、八王子市、町田市、日野市などニュータウンや団地による人口の急増・急減が見られる自治体は、選択・統廃合に対して積極的であるのも見て取れる。結局、統廃合を行う必要性を感じている市がまずは「改革」を行っているといえるかもしれない。

表３・５Ａ　東京都 23 区の学校選択制と学校統廃合の実施状況

	学校選択〈選択範囲〉*と〈導入年度〉		学校統廃合					
	小学校	中学校	計画策定年（年）	適正基準（学級数）		最低基準・統廃合基準（人数）		廃校数（00 ～ 08 年）
				小学校	中学校	小学校	中学校	
千代田区		全・03	00		12 ～ 18			4
中央区		全・04						（計画中）
港区	隣・05	全・05	02	12 ～ 18	9 ～ 18	100 人	200 人	3
新宿区	隣・05	全・05	95			150 人程度	150 人程度	6
文京区		全・03	02	12 ～	9 ～	150 人	120 人	2
台東区		全・03	00	12 ～ 18（246 ～ 720 人）	12 ～ 18（363 ～ 720 人）	150 人	180 人	11
墨田区	全・01	全・01	95	12 ～ 18	12 ～ 18			7
江東区	全・	全・						14
品川区	ブ・00	全・01						1
目黒区	隣・05	隣・03	03		11 ～			3
大田区	指定校変更活用		03	12 ～ 18	12 ～ 18	150 人		5
渋谷区	全・04	全・04						（計画中）
中野区	05 年実施予定を延期		04	18 程度	15 程度	240 人	180 人	5
杉並区	隣・02	隣・02	03	12 ～ 18	9 ～ 12			2
豊島区	隣・01	隣・01	01	12 ～ 18	9 ～ 18			20
荒川区	全・03	全・02						2
板橋区	全・03	全・03	01	12 ～ 18	12 ～ 18	150 人	150 人	7
練馬区		全・05	04	12 ～ 18	11 ～ 18			8（計画中）
足立区	全・02	全・02	95					12
葛飾区	隣・05	全・05						8
江戸川区	受入校	全・03						
世田谷区			00					2
北区			02					

＊　〈選択範囲〉──全：全校、隣：隣接校、ブ：同一ブロック内の学校。

表3・5B　東京都13市＊＊＊の学校選択制と学校統廃合の実施状況（選択制導入年度順）

	学校選択〈選択範囲〉＊と〈導入年度〉		学校統廃合					
	小学校	中学校	計画制定年	適正基準（学級数）		最低基準（人数）		廃校数
				小学校	中学校	小学校	中学校	
日野市	ブ・01	ブ・01	05	学年3	学年5			3
立川市	隣・02		05					2
町田市	全・03	全・03	99	12～18	12～18			8
西東京市	全・03	全・03	08	学年2以上	学年2以上			2
多摩市	全・03	全・03	05	学年2	学年4以上	180人	310人	4
八王子市	隣・04	全・04	00	12～18	12～18			6
清瀬市		全・04						2
武蔵村山市		全・05						
調布市		全・07						
国分寺市	隣・03 **		09	教委未検討				
狛江市								2
東久留米市			02			学年単学級		1（予定1）
東大和市			04	確定せず	学区変更で対応			

＊〈選択範囲〉――全：全校、隣：隣接校、ブ：同一ブロック内の学校。
＊＊「隣」は、小学校区境界の一部のみ。
＊＊＊東京都全26市中、以下の13市については、学校選択、学校統廃合について、特段の動向が見られない　稲城市、武蔵野市、三鷹市、青梅市、府中市、昭島市、小金井市、小平市、東村山市、国立市、福生市、羽村市、あきる野市。

それとほぼ同時期に（あるいは以前から）、各区および選択制を導入した市は、独自に審議会などにより学校「適正規模」、もしくは学校最低基準（この人数以下になると統廃合の対象とされるケースが多い）を設定していることがわかる。ただし、東久留米市のみは例外的に、選択制を導入していないにもかかわらず積極的に統廃合を推進している。

「適正規模」は、学校教育法施行規則や義務教育費国庫負担法施行令などを参考に「一二〜一八学級」が採用されることが多く、最低基準は全校児童・生徒数「一五〇名」、「一八〇名」などとされる場合が多い。導入後すぐに、学校選択制により一層小規模化した小規模校が廃校になるケースが、足立区、日野市などで出現している。日野市では、適正規模が「小学校学年三学級以上、中学校五学級以上」と他自治体に比較して大きいが、市当局にとってすでに統廃合したい対象の学校が、この最低基準だと適正以下になるため、具体的な対象を想定してこのような基準が決定されたと思われる。荒川区では、正式な選択制導入直前だったにもかかわらず、新入生が二年間連続してゼロになった小台橋小学校が、ＰＴＡからの要求もあり廃校になった。

表３・６は、葉養正明が行った全国の市町村教育委員会を対象としたアンケート調査による、独自の「適正規模」基準を導入している自治体の割合である。[7] 二〇〇七年段階で、自治体独自に「適正規模」を設定している自治体は約一〇％にすぎず、多くの自治体は未設定である。いかに東京都の状況は特殊か、統廃合を前提にしているのか、が見てとれる。

日本の学校選択制は、①小規模校はほぼ一層小規模化し、ブランド校など〝人気校〟に希望が

表3・6　自治体の学校適正規模基準の有無

学校適正基準		(%)
基準あり	自治体として基準がある	9.9%
	自治体としては基準がないが県教委が定めた基準がある	5.0%
	自治体独自の基準はないが、学校教育法施行規則の規定を基準としている	18.4%
自治体として基準がない		63.5%
その他		3.2%

出所）葉養正明、『週刊教育資料』2008年9月22日号24ページ。

集中する、②中学校の部活動が希望の集中に大きな影響を与える（代替的な地域スポーツクブが発達していない）、③「風評」によって保護者の選択行動が大きく規定される。従って行政がいったん将来的な統廃合計画情報を流せば、対象校の入学者減少に歯止めがきかなくなるので廃校を回避できなくなる、④入学者数が流動的であるため、長期を展望した学校経営計画や教職員体制が立てにくい、などの制度的なデメリットを持っている。そのため、きわめて意図的に学校統廃合を導き出しやすい。

例えば、板橋区では、最低基準一五〇名を設定し、選択制によってそれを割り込んだ場合、一年間の猶予を置き、その間、学校や保護者の努力によって翌年入学者増で再び基準を超えなければ廃校にする、〝板橋方式〟と称される厳しい統廃合が行われた。一五〇名を切った若葉小学校では、保護者が存続の努力をしたにもかかわらず、廃校の不安がある学校は新入生に選ばれず（あるいは、教委は保護者からの問い合わせに対して廃校予定だと〝情報提供〟したこともあり）、結果、行政は〝学校側の努力が足りなかった〟と自らの手を汚さずに、二〇〇五年廃校となった。しかし地域に複雑な感情を残したこともあり、跡地利用について紛糾が続いている。(8)

二〇〇〇年以降、積極的な情報のみを公表し、全国の学校選択制をリードしてきた感がある品川区は、選択制の導入理由については、各学校の「特色づくり」、教職員の「意識改革」を強調した。これは各地の選択制導入の際にも広く用いられるロジックとなっていった。しかし導入時に教育長が、選択制と学校統廃合を結びつけない、と区民に言質を取られたために、当初は複数の小規模校と過密校が出現してもそのままにされることになった。

しかし、二〇〇四年に教育特区政策により全国で初めての小中一貫教育特区に認定され、小学校と中学校を一校にまとめた施設一体型小中一貫校を複数、建設するに至った。これは実質的な学校統廃合であり、既存の中学校から徒歩で三〇分かかる小学校への移転反対を訴える保護者・住民運動が起こった。それにもかかわらず区は小中一貫校建築に多額の予算をかけ、全区内からの入学を可能にするなどさまざまな特例も設け、〇六年一校目の日野学園（日野中と第二日野小を施設一体化）以降、〇七年に伊藤学園（伊藤中と原小を施設一体化）、〇八年に荏原平塚中（荏原第二中と平塚中を施設一体化）を開校した（二〇一〇年には平塚小が加わる予定）。

一校分の跡地が売却可能となり、校舎新築も含めて大手不動産業や建設業が関与した区の再開発事業との関係がしばしば指摘される。さらに、〇六年、選択制によって小規模化し新入生がゼロになった八潮南中が八潮中に吸収され、〇八年、八潮小、八潮北小、八潮南小とともに八潮学園を新設している。これについては「地域から申し出があったもので統廃合ではない」と区教委は説明している。

しかしながら、二〇〇八年一一月、区教委の「学事制度審議会」報告は、学校間格差が生じたため「学校統合という手段が必要」になったとそれまでの方針を覆し、具体的な統廃合計画を公表するに至った。そこでは、学校間格差が生じたのは選択制のため、ということには全く言及がない。

また、文京区では、二〇〇六年、二〇小学校を一三校に、一一中学校を八校に統廃合するだけでなく、公園や福祉施設の土地利用の変更も含む大規模都市開発計画が公表され、小規模校を中心にした保護者、公園を守ろうとする住民などの広範な反対運動を引き起こした。ここでは、小規模校がより小規模化するのを待たずに「中規模校以上の統廃合もありうる」と、学校規模に関係なく、希望が集中するいわゆる〝ブランド校〟を拡大するプランであったのが特徴的であった。やはり、区の土地開発公社が再開発に伴う学校跡地売買を計画していたことも指摘された。結局、反対運動が組織化され区長選の争点になったこともあり、計画は凍結されることになった。

4　新自由主義的なイデオロギーとその手法

①教育的効果論・「切磋琢磨」論

都市部・過疎地を問わず、各自治体の適正配置・適正規模についての報告・答申には、小規模校では教育的効果が上がらない、社会性が育たない、競争的な関係ができない、といった教育学的な〝俗説〟が多用されている。多くの自治体において、総務庁監察局が作成した「学校規模と学校教育、学校運営」(『小・中学校を巡る教育行政の現状と課題――義務教育諸学校等に関する行政監察結果から』一九九二年、総務庁監察局編に掲載)が、中～大規模校の方が教育的効果が高いことの根拠として引用されている。しかし、これはある自治体で作成されたものをベースにしているとされ、教育学的な根拠のあるものではない。内容を見ても、小規模校のメリットが極端に少ない。例えば、〝きめ細かい指導が行きとどく〟〝学校行事等子どもの活躍の場が多い〟といった一般的に挙げられるメリットに全く言及していないのも特徴的である(資料2)。

東久留米市では、小規模校は教育的効果が上がらないので、教育的不平等を解消するために一刻も早く統廃合を、というロジックを行政は用いて保護者の選択行動を促した。また、「クラス替えができないことにより、人間関係が固定化しがちであることや、子ども同士が切磋琢磨する機会が少ないこと」(新宿区)「学校は児童生徒が互いに切磋琢磨しながら学力や社会性などを身

資料２　学校規模と学校教育、学校運営

項目	規模別	小規模（11学級以下）	中規模（12〜24学級）	大規模（25学級以上）
教育効果	活気にみちた雰囲気がある		大規模の方がより活発が増す	
	活動への参加意識と参加度が高い	中小規模の方がよい		
	児童生徒間の切磋琢磨がある		中規模以上がよい	
	集団の相互作用による思考力の育成が図れる		中規模以上がよい	
	学級内の評価評定が固定的でなく可変的である		中規模以上がよい	
社会性等	学習や運動において競争心が培える		中規模以上がよい	
	個別的な生活指導ができる		大規模の方が可能性が増す	
	一定規模以上の集団の中での情緒安定性が高い	中小規模の方が可能性が増す		
	学級の編成替えができる		中規模以上がよい	
	集団活動を通じて社会性が育成できる		中規模以上がよい	
	自主的態度が育つ		中規模以上がよい	
	進学後、学校生活への適応度が高い		大規模の方が可能性が増す	
健康体力	調整力（敏捷性、柔軟性）に優れている		大規模の方が高い傾向にある	
学校運営	児童生徒が全教員を知ることができる	中規模までであろう		
	校長、教員が全児童生徒を知ることができる	中規模までであろう		
	校長が教職員を管理掌握しやすい	中規模までであろう		
	教員が分掌事務を円滑に遂行しやすい		大規模の方が遂行しやすい	
	教員の年齢別、性別の好ましい構成が得られる		大規模の方が可能性が高い	
	特に小学校において、協力授業や交換授業等の教員組織の改善が図りやすい		中規模以上がよい	
	特に中学校において、全教科にわたって適切な教員の構成が得られる		中規模以上がよい	
	児童生徒数の男女のバランスがよい		中規模以上がよい	

学校規模と学校教育、学校運営（注：総務庁の調査結果による）

出所）『週刊教育資料』1060号（2009年２月９日号）

につける場所」（練馬区）といった〝切磋琢磨〟というフレーズが用いられるケースが多い。佐賀県唐津市では、この〝切磋琢磨〟論の克服が、教職員組合および市職員組合を中心とした統廃合反対運動の課題の一つとされている。

　学級規模と教育的効果の相関関係について、一定程度の小規模集団の方が教育的効果は高いという、例えば、「二〇名程度の集団だと算数の教育的効果が上がる」といった先行研究の蓄積はあるが、学校規模と教育的効果の相関関係については見当たらない。

　また、単学級構成の学校でも、実態を見ると、縦割り集団などを活用

して工夫することで、人間関係は固定化されることなくかえって複雑になっているばかりか、全教師と児童・生徒がお互いに認識できる親密な集団としてきめ細かな教育実践が行われているケースも少なくはなく[9]、小規模校に対する俗説的な批判は当たらないと思われる。

②教育的効果論と保護者の選択行動による統廃合が子どもたちに何をもたらしたのか

東京都のベッドタウン東久留米市の滝山小は、二〇〇四年、隣接する二つの小学校に分割される変則的な形で統廃合された。統合先の九小において、統合直後から、高学年の学年崩壊、低学年の行き渋りなどが出現し、さらに滝山小から来た子どもたちの不登校、転校などの問題が生じた。その後ＰＴＡが子ども・保護者を対象に統合後のアンケート調査をおこなっており、子どもたちへの統廃合の影響を読み取ることができる[10]。

東久留米市では、革新市政から保守党系市長になったことを契機に少子化を理由とした三小学校の統廃合が計画されたが、二校の小学校では保護者、地域住民、教職員らの反対運動によって阻止された。しかし滝山小では、市当局が流布する教育効果論（小規模校では教育的効果が上がらない）や指定校変更基準の緩和策などによって保護者が動揺させられ、指定校変更によって児童数が減少したこともあり、保護者同士、あるいは保護者と教職員の関係が分断されてしまい、反対運動を組織していくことができなかった。保護者も参加する統合準備委員会が一年半の間持たれたが、審議内容は行政主導であり、教職員の参加が禁止されたこともあって教育内容のすり合わせは行われず、校名変更もされることはなかった。

アンケート結果などから、統合先の小学校で、子どもたちに問題が生じたことの原因として以下の二点が考えられる。第一に、教育内容・方法、行事等の総括やすり合わせが行われなかったために、滝山小から移った子どもたちの中に統合後の混乱、不安が大きかった。「友だちが増える」「校舎がきれいになる」といった統廃合に伴うよいことを教師や保護者から聞かされていたのに、実際はあたかも吸収合併のような形で教職員の意識は変わらなかったために、教育活動のギャップによって混乱することが多かった。統廃合とは、子どもが慣れ親しんだ地域や身近な人間関係から、不合理に引き抜かれる激変であることに対する配慮が不十分であった。

第二に、統合先に前の学校から教職員がほとんどついて行かなかったために、混乱、不安を感じた子どもが相談する大人の存在を欠いていた。臨床教育学者、田中孝彦氏の言葉を借りるならば、子どもたちは孤立感、無力感の中で広い意味での「心的外傷」を受けてしまった。大人や集団に対する不信感を持ち、中学進学後も「荒れ」や不登校などのさまざまな問題を抱えることになった。

また、複数の保護者が校長に対し、混乱は統廃合によるものではないか、と問い合わせたのに対し、校長は「統廃合の問題ではなく、個々の子どもの育ちや家庭、あるいは教師の指導力の問題である」と強弁し、一切全校的な対応を取ることはなかった。学校管理職は、行政による積極評価もあり、多額の費用を費やした統廃合が失敗であるという実態を最後まで認めなかった。

さらに、東久留米市は、このような保護者を分断する手法を再び用いている。二〇〇七年、最初の統廃合計画を阻止した第八小に、再度、市は二年後の統廃合計画を提示した。今回は、市は事前に八小学区内すべての家庭を対象に、指定校変更の条件を緩和すること、すなわち学区外の小学校を誰もが自由に選択できることを提示した。その結果、「どうせ将来的に廃校になるなら、早めに移動した方が子どもに負担が少ない」といった意見が保護者に広まり、新入生のみならず将来的に統合を経験することが予想される四年生以下の保護者の多くが、子どもが在校中であるにもかかわらず、指定校変更による転校を選択するという極めて異常な事態に陥った。その結果、それまで児童数が一〇〇名を超えていたにもかかわらず、〇八年春の在校生は、一年生二名、二年生一〇名、三年生一名、四年生二名、五年生二〇名、六年生二五名となり、三、四年生は複式学級にせざるを得なかった。

その結果、広範な統廃合反対運動は組織されることなく廃校条例がすみやかに可決された。このように東久留米の場合、行政が教育効果論を用いながら、保護者の選択行動を利用して関係を分断していくという手法が典型的に見られる。

5　新自由主義的な学校統廃合に対する対抗軸の模索

①学校選択制の見直しへ

そのような学校統廃合に対して、個々のケースについてみると、保護者、地域住民による反対運動は各地で起きているが、改革全体の見直しにつながるような構造的な変化も生じている。その一つは、学校選択制自体の見直しを図る動きである。これは、学校を中心とした地域の教育力に着目するものである。

二〇〇二年から選択制を実施してきた江東区では、〇八年九月の教育委員会で、制度は継続するものの、①地域とのかかわりを重視して「指定校への入学を原則」とする、②小学校は原則として徒歩で通える範囲内とする、③選択希望締め切り後の希望校変更は一回のみで、抽選に落ちたら指定校に入学する、といった規制を新しく設ける、という三点を決定した。

事実上の選択制見直しといえよう。江東区では、町会など地域の保守層や同窓会などが選択制に反対し、新区長を動かした。選択制導入後、伝統ある小規模校がさらに小規模化し統廃合が懸念されるケースが生まれた。町会、同窓会などが、少人数になっても即統廃合対象にするべきではない、と教育委員会に確認を取るような事態も生まれた。特に深川や門前仲町など昔からのコミュニティが存続する下町では、祭りや子ども会などを通して地域と学校の結びつきはきわめて強い。町会長の一人は、「選択制は江東区にそぐわない」と述べる。町会運動会、祭りへの参加、クリスマス会、もちつき、住民「親睦会」など、町会レベルで子どもが参加する行事が多数ある。学校の同窓会も含めて「地域の子どもは地域で育てる」という意識がきわめて強い。

また、二〇〇四年から選択制を実施してきた群馬県前橋市では、二〇一〇年度からの選択制の原則廃止を決定した。同市の場合、行政当局・保守党系議員らが率先して見直しを図った。五年間の選択制の中で小規模校が固定化した結果、〇八年八月に教育委員会が「前橋市小中学校の適正配置・適正規模方針」を策定し、一〇小・中学校の統廃合対象校名とタイムスケジュールが具体的に公表された。その結果、おそらく選択制の真のねらいであった統廃合計画が現実化したために、あとには地域の教育力の破壊や登下校安全確保の困難といったデメリットだけが残ることになる。そこで、保護者から多少苦情は出たとしても、あたかも役目を終えた選択制は必要ない、とばかりに行政サイド主導ですみやかに廃止が決定したものと思われる。

②町づくりプランの中で学校統廃合を考える

さらに、労働組合が、市町村合併後のまちづくりを検証する中で学校統廃合計画の見直しを図ろうとする動きが見られる。佐賀県唐津市は、二〇〇五年に六町村、〇六年に一村と合併して新市制を発足させた。しかし合併後、旧唐津市中心部に再開発事業、唐津城跡への早稲田大学中・高等学校の誘致など重点的に合併特例債などの資源が集中しているのに対し、周辺部では行政サービスの低下が著しく、住民アンケートでは「よくなかったと思う」が旧町村部で五〇%を超える。(11)

その中で、周辺部の小中学校の大規模な統廃合計画が急速に具体化し、アンケートでも「よくなかったこと」として上位（三九・三%）に挙げられている。「合併すれば何かいいことがある」と同じロジックで「統廃合すればいいことがある」とする市当局に対し、市民の不安感は増している。しかし周辺部での少子化もあり、市側のプランに周辺部の学校のPTA役員などがまず説得され、なかなか反対運動が組織されない中で、教職員組合の教師たちが率先して統廃合を問い直す運動をネットワーク化しようと試みている。唐津市では、自治労連系の市職員組合が中心になり、市町村合併に対して代替的なまちづくりプランを検討しているが、教職員組合もそれに参加している。全国的に見て、特に小・中学校の統廃合に対しては、教職員サイドが消極的であるのに対し、唐津市のケースは例外的である。これは教職員組合が、市町村合併後の住民の生活を検証し、まちづくり計画全体のオルタナティブをつくっていく作業に参加しているという点が大きいと思われる。

いずれにせよ、地域の子どもや住民の声に応える視点から、緊急に改革が検証される必要があるだろう。学校は、単に教職員と子どもから構成される公的な機関であるだけでなく、地域の様々な諸勢力（歴史的にも）が重なり合う場であり、それは容易に損なわれるべきものではない。

（1）　若林敬子『学校統廃合の社会学的研究』一九九九年、御茶の水書房、八一頁。
（2）　若林前掲書、一二七―一二八頁。
（3）　若林前掲書、一〇二―一一二頁。
（4）　岡田智弘「グローバル経済下の自治体大再編――なぜ『平成の市町村合併』なのか――」、岡田智弘・京都自

治体問題研究所編『市町村合併の幻想』二〇〇三年、自治体研究社、二五―二六頁。
（5）岡田前掲書、二六頁。
（6）市川哲「市町村合併と学校統廃合」、岡田前掲書、一六一―一六二頁。
（7）葉養正明「少子高齢化を生かす『学校づくり』」、『週刊教育資料』二〇〇八年九月二二日号。
（8）本村久美子「板橋区若葉小学校の統廃合反対運動」、『学校統廃合に負けない』二〇〇五年、花伝社。
（9）例えば、筆者が調査対象とした、荒川区立第二日暮里小学校（二〇〇三年～四年当時、全校児童六五名）、台東区立台東小学校（二〇〇六年三月閉校）、また、教育実習指導で訪れた兵庫県丹波市立吉見小学校（全校児童約一二〇名）などでは、典型的にそのような実践が行われていた。
（10）田中孝彦・山本由美・東久留米の教育を考える会編著『地域が子どもを守る――東京・東久留米の学校統廃合を考える――』二〇〇七年、ケイ・アイ・メディア、三五―四二頁。
（11）地域循環経済型の再生・地域づくり研究会編『地域循環型経済の再生・地域づくり研究会中間報告』より、こんな唐津をつくりたいプロジェクトチーム担当部分、二〇〇八年、日本自治労連労働組合総連合・自治体問題研究所、二八頁。

第4章　小中一貫教育の問題点
――東京都三鷹市のケースから――

1　拡大する小中一貫校

今日、教育改革の手法において小中一貫教育の取り組みは急激に拡大している。二〇〇四年に品川区が、構造改革特区として小一貫教育特区に認定されて以降、いくつかの自治体が小中一貫特区に認可された。二〇〇七年、学習指導要領は〝最低基準〟である、とする文科省の変更以来、特区制度を用いいなくとも小中一貫教育、小学校からの英語教育の導入がどこの自治体でも可能になった。その後、横浜市が一二年までに全ての市立小中学校（四九二校）に導入することを公表するなど急速に拡大した。小中一貫教育は、「中一ギャップ」の解消のために導入すると説明されるケースが多い。横浜市の場合も、「中一ギャップの解消」、義務教育九年間の「なめらかな接続」が目的であると説明される。

日本における小中一貫教育の主唱者である金子郁容は、「明確な定義も法的枠組みも存在しない」としながらも、「国語、算数（数学）、社会、理科の四教科のうち少なくともひとつについて、小中学校九年間を通じた一貫性のある教育を実施しているところ」が「小中一貫教育実施校」である、とする。また、小中一貫教育についての学生の修士論文アンケート調査を引いて、その導入目的として「中一プロブレム（中学入学とともに勉強についていけない生徒が増えることや不登校・いじめなどが急増すること）の改善」「学力向上」「学区内の学校間の相互交流を促す」を挙げた自治体が多く、その「実際の効果」としては、「教員の意識が変化した」「小学校児童の中学校への期待が高まった」「学力定着」という回答が多かった、としている。しかし、その実証的なデータについては特に挙げていない(1)。

表4・1　東京都における自治体別の小中一貫校・小中連携校

（学校数）

	小中一貫校	小中一貫教育に参加		小中連携に参加	
		小	中	小	中
品川区	1	6	5		
葛飾区				5	5
北区		2	1	1	1
荒川区		1	1		
杉並区		3	3		
文京区		2	2		
港区					1
足立区		1	1		
中野区		1			
三鷹市		8	5		
八王子市		11	7		
町田市		3	3		
青梅市		1	1		
武蔵村山市		1	1		
御蔵島村		1	1		

出所）東京都教育委員会 HP、区市町村教育委員会推薦の創意工夫ある学校（平成 21 年度）の中より作成。

　表4・1は、二〇〇九年度の東京都における自治体別の小中一貫校・小中連携校（研究協力・奨励・推進・指定校）の一覧である。すでにかなりの自治体が何らかの

形で小中一貫校の試みを行っているが、特に三鷹市、八王子市、町田市など複数の学校が実施している。これは、この一〜二年の間に急速に拡大したものである。

本章では、第一に急速に小中一貫教育が拡大した理由について検討し、第二に東京都三鷹市における小中一貫校のケースについて検証したい。三鷹市では、すでに二〇〇三年から市側が小中一貫導入教育について検討を開始している。〇六年度より小学校二校・中学校一校からなる「にしみたか学園」において「コミュニティ・スクールを基盤とした小・中一貫教育[2]」が開始され、〇九年度にはすべての小中学校が参加するに至っている。表４・１において小中一貫校の取り組み数が多い八王子市、羽村市、町田市などは、三鷹市のケースをモデルにしているといわれる。

検証においては、東京都教職員組合北多摩支部三鷹地区協議会が二〇〇九年二月に行った「三鷹市小中一貫の取り組みについて——全教職員アンケート実施結果[3]」に注目してみたい。実際に教育現場にいる教職員の、小中一貫教育に対する意見がまとめて挙げられた例外的なケースであると思われるからである。

2　学校選択制による統廃合から小中一貫校による統廃合へ

それでは、なぜ小中一貫校は短期間のうちに増加したのか。

第一に、小中一貫カリキュラムは、「基礎」「活用」といったＰＩＳＡ型学力に整合性を持つようにデザインされたものであるという点が挙げられる。小中一貫教育カリキュラムが、小学校の早い段階から「個に応じた学習」「ステップアップ学習」と称した、習熟度別学習などを多用し、「基礎」「活用」のPISA型学力に対応した学習形態をとることから、従来の学校体系より学テ体制により適合した学習形態をつくりだすことができると考えられる。三鷹市ではすでに、二〇〇五年の「三鷹市立小・中一貫教育校の開校に関する実施方策（案）」において、「基本的には全ての授業で、個々の児童・生徒の興味・関心や習熟の程度に応じた『基礎』『補充』『発展』等の授業を展開します」としている。そして、小学三年生から習熟度別学習と教科担任制を導入していくのである(4)。

そこでは、「基礎」「活用」の導入といっても、全ての児童・生徒が「基礎」の上に「活用」を積み上げていくのではなく、積み上げられるものにさらに積み上げていく、という明らかに「二つの国民形成」を念頭に置いたカリキュラムがめざされると思われる。従来の六・三制自体が教育の機会均等を実現するための平等な学校体系を制度化したものであるので、それを壊すことは早期からの序列的な公教育制度をめざす新自由主義教育改革に整合性を持つものといえよう。

第二に、学校統廃合を行う手段としての小中一貫校が挙げられる。近年、複数の学校を小中一貫校に移行することによって、結果的に学校統廃合を実施するケースが各地で見られるようになっている。

最も典型的なのは、京都市における近年の大規模な小中一貫校建築のケースである。京都市東山地区（北部）においては、二〇一一年開校予定の五小学校・一中学校を対象とした大規模統合による小中一貫校新設が計画化されている。統合対象とされた学校の校舎は老朽化しているケースが多かった。その際、行政の働きかけによって七つの学区の自治連合会長らが市へ小中一貫校設置要望書を提出するなど「住民合意」が計画推進に利用された。

京都市教職員組合、民主的団体などは二〇〇八年に「東山の学校統廃合を考える会」を組織し、以下のような問題を提起している。例えば、①新設校は八〇〇人を超える大規模校になる、②敷地が狭く施設・設備上の無理が生じる、③遠距離通学の出現、などの点が挙げられる。しかし、その問題点が保護者にうまく伝わらず、逆に「施設も立派でエリート校になるといわれる小中一貫校は魅力的だ」と賛同する保護者が見られたという。[5]すでに校名（開晴小中学校）も決まり建設工事が進行しており、中止・凍結は困難と判断した運動側は「教育の論理での改善」を求めている。

さらに、東京の品川区では、二〇〇〇年の選択制導入の際、若月教育長が統廃合と選択制を結びつけない旨の言質を取られたため、小規模校が出現しても統廃合は行われてこなかった。しかし、〇四年に最初の施設一体型小中一貫校を開校した際に、中学校が小学校の場所に移動し、実質的な統廃合となった。これについては、品川区の教育改革の中で唯一、保護者による中学校の移転反対という積極的な反対運動が見られた。[6]品川区は、その後三校を一小中一貫校に統合するなど施策をすすめ、〇八年には統廃合の積極的推進へと方針を転換した。

また、渋谷区でも、小中一貫校移行に伴う統廃合が計画化され、保護者の反対運動の組織化が困難な状況が出現している。

このような小中一貫校化を名目とした学校統廃合は全国で見られるようになっている。経済的なコスト削減のためである統廃合を、子どもの教育的効果のためという理由――中一ギャップの解消による不登校やいじめの解消、四・三・二制による受験対応のカリキュラム、施設設備のよい新校舎など――によって抵抗なくスムーズに進める手法として小中一貫教育は「有効」に機能している。

学校統廃合については、二〇〇〇年頃から首都圏を中心に、選択制導入によって一層小規模化した小規模校が統合対象になるという、いわば選択制とリンクした統廃合が多く見られた。

しかしながら、二〇〇八年は全国的な学校選択制の見直しが始まる。規制改革会議が二〇〇九年二月に行った表4・2Bの全国教育委員会対象アンケートを見ると、〇七年まで増加していた選択制導入件数は、〇八年には激減している。同年九月には、全国で初めて群馬県前橋市が選択制の廃止を、また江東区が小学校の選択制の見直しを決定している。他自治体でも、そのデメリットを明確に挙げる報告書が公表されるようになった。この時点で、学校選択制とリンクした統廃合から、小中一貫教育などを利用した統廃合へとシフトがとられたことが推測される。

地域の教育力を破壊するなどのデメリットや予測不能な要素が強い選択制に対して、小中一貫校に移行することによる実質的な統廃合は、新設の〝エリート校〟への移行であるという意識が

表4・2A　学校選択制の導入状況

(%)

	小学校	中学校
導入している	12.9	14.2
（うち、導入して継続しているが制度を見直した、見直しを検討中である）	(0.4)	(0.7)
（うち、導入したが廃止した、廃止を検討中である）	(0.6)	(0.6)
導入していないが、導入を検討中である	5.6	5.0
導入していないし、検討もしていない	76.5	75.6
無回答	6.1	6.1
計	101.1	100.9

出所）内閣府・規制改革会議ＨＰ

表4・2B　学校選択制の導入の時期
――導入している市区教育委員会（表4・2A）の回答――

(%)

	小学校	中学校
1998年度以前から	12.9	5.9
1999～2001年度	10.8	7.8
2002～2004年度	30.1	39.2
2005～2007年度	39.8	41.2
2008年度	5.4	4.9
不明	1.1	1.0
計	100.1	100.0

出所）内閣府・規制改革会議ＨＰ

保護者に強いため、よりスムーズに計画的に行われるメリットがある。少なくとも、データ分析などから見る限り、規制改革会議は選択制推進政策をなお継続している。しかしもう一方で、二〇〇九年、中央教育審議会は「全国一律に学校選択制導入を促進すべきではない」と、方針転換ととれる姿勢を示した。その理由として、「学校と地域の関係の希薄化」などを挙げている。明らかに文科省サイドは方針転換したと思われる。

3　三鷹市の小中一貫教育

他方で、小中一貫を推進する政策決定の側にとっては、小中一貫校に教育的効果があることを証明することが拡大の根拠となるため、導入自治体で成功している事実が求められるのであろう。そのような小中一貫校の全国的なモデルの一つが東京都三鷹市の、コミュニティ・スクール化を伴う小中一貫校施策であろう。二〇〇六年の「にしみたか学園」以来、〇九年度にはすべての小中学校を対象に〝三鷹方式〟の〝緩やかな小中一貫教育〟が導入されることになった。ただし、三鷹市では学校統廃合計画は存在せず、学校選択制も導入していない。三鷹市以外では東京都の市部では二六市中一〇市がすでに選択制を導入しているが、近年は拡大されていないのである。

東京都のベッドタウンである三鷹市（人口一七万五千人）は一九九一年まで長期間の革新市政が続き、「市民協働」のスローガンのもと質の高い地域コミュニティが形成された。しかし、九二年からは保守党系の市政が続き、一九九八年には自治体「構造改革」にかかわるシンクタンク、日本生産性本部と企業経営評価の基準を自治体行政に適応するための共同研究を開始する。二〇〇二年に当選し二期目を迎える清原慶子市長も、日本生産性本部と協力的な関係を持ち、安達智則の言葉を借りると「自治体の心臓部に市民参加がない『協働』[7]と称される、典型的なNPM（New Public Management）型構造改革を行ってきた。すなわち、形式的な市民参加は行っても、重要事項は少数のメンバーで決定されるというのである。

NPMとは、公共サービスに民間企業の経営方式を導入する改革であり、「公共部門への市場、契約原理の導入」「成果業績主義」「公共サービスの民間委託」などを特徴とする。〇二年に日本で初めての、公立保育園の民間企業ベネッセへの委託が行われたのはそれを象徴するできごとである。

そして同市長のもと、教育に関しても典型的な新自由主義教育改革が行われてきた。教育改革国民会議で日本型チャーター・スクールと称されるコミュニティ・スクールを提唱した金子郁容氏（慶応義塾大学大学院）と、学校評価のPDCAシステムを広める小松郁夫氏（国立教育政策研究所、現在は玉川大学）、自治体構造改革に関わる玉村雅敏氏（慶応義塾大学）、教育調査研究所研究部長で元小学校校長の小島宏氏が当初から教育計画に関わり、全体方針を定める三鷹教育ビジョン（〇六年）の座長、副座長、助言者を占めている。そのビジョンの柱は、コミュニティ・スクール構想と結びついた小中一貫教育、および学校評価システムの構築であった。以下、三鷹市の改革の具体的な内容を挙げてみる。

①コミュニティ・スクール

一貫校となった小学校と中学校（二小学校と一中学校が結びつくケースが多い）は、「学園」という一つの単位となる。その「学園」ごとに、保護者代表、地域・町会代表、青少年対策本部・交通対策本部代表、学識経験者、学園長、副学園長ら（二〇人以内）からなる「コミュニティ・スクール委員会」が設置される。同委員会は、教育委員会又は学園長に、「教育目標及び学園経営方針に関すること、教育課程の編成に関わること、学園予算の編成及び執行に関すること、学園の施設・整備の管理および整備に関すること」等について意見を述べることができる。[8] いわば、「学校参加」組織に、多くの権限が与えられているといってよかろう。この「コミュニティ・スクール委員会」は、文科省関係の文書では、学校運営協議会の拡大と位置づけられている。

②小中一貫カリキュラム

前述のように実施方策（案）の個に応じた指導の徹底（少人数指導、習熟度別学習）の項では、「基本的には全ての授業で、個々の児童・生徒の興味・関心や習熟の程度等に応じた『基礎』『補充』『発展』等の授業を展開します」（二〇〇五年）としている。これは、二〇〇七年からの学テ、二〇〇八年の新しい学習指導要領の「基礎」「活用」に対応した内容になっていると思われる。国の施策よりも早い段階から、すでに三鷹市では「基礎」「活用」の枠組みが導入されているのである。

具体的に、小中一貫校のカリキュラムとしては、一、二年は普通の担任の授業、三、四年は教科担任制で習熟度学習を用いる、五、六年でそれに加え中学校との交流である「乗り入れ授業」などを多く持つ、というのが基本的なパターンとなる。英語は、小一からＡＬＴ講師派遣のもとに教科外扱いで行い、週一時間から次第に時数が増える。これは、品川区で行っている「四・三・二制」と称した、小学校の教育内容を前半の四年間に一部移行してまとめ、五年次から「個に応じたステップアップ学習」という習熟度別を多用した学習を用い、最終版の二年を総まとめ的に使う、受験対応的と思われるカリキュラムとは異なっている。三鷹市の教育委員会も助言研究者も、学校選択制を導入している品川区とは異なる独自の小中一貫教育であることを強調している。[9]

さらに、三鷹市では、アントレプレナーシップ（企業家精神）を重視することが、小学校、中学校の目標に掲げられているのも特徴的である。今日の新自由主義教育改革は、「国際競争力強化政策を優先する形で、『英語が話せる』に象徴される国民的学力向上と『創造的破壊』型の『企業家』（アントレプレナー entrepreneur）養成に重点を置いた教育政策が、遂行される」と進藤兵は分析している[10]が、三鷹市ではまさにその両者が、義務教育段階で重要視されているのである。

4　三鷹市小中一貫学校までの経緯

二〇〇四年に東京都教育委員会が公表した「東京都教育ビジョン」が、三三の提言の一つとして「小中一貫教育」を掲げている。〇七年の進捗状況報告では、小中一貫教育は中長期的課題として「新教育開発プログラムを活用して、品川区及び杉並区が小中一貫教育について検証することになっている」[11]とされ、三鷹市には触れていない。

他方、三鷹市では、すでに二〇〇三年度から独自に小中一貫教育を提言し、教育改革国民会議のメンバーであった金子氏ら国政レベルの構想とダイレクトに結びつき、トップダウンで計画化が進められていく。〇三年の「小中一貫教育構想委員会最終報告」では、「二・三・四年制」が提示され、三年次のII期から教科担任制と習熟度別、五年生からのIII期では、中学校へ移動して学習、という内容が説明された。それによって「小中学校の連携をより確かなものとし、一貫カリキュラムによる充実した教育をめざす」というのである[12]。

ところが、それに対して、主に高学年の中学校への移動に関して、保護者から強い批判が噴出し反対運動につながった。教職員組合も、「六・三制の学校体系を根底から崩すもの」「子どもの発達段階からして、五年生から中学校に行くのがふさわしいのか[13]」といった批判を展開し、〇四年「小・中一貫教育校構想[14]」については、保護者・市民、教職員の声を十分に聞き、拙速に実施しないことを求める要望書[15]」を教育長に提出している。

このような保護者らの批判に対して、教育委員会も方針を変更し、Ⅲ期の中学校への移動をなくし、乗り入れ授業と教職員の異動によって対応するような、「四・三・二制」へと方針を変更した。それによって保護者の反対運動も終息し、小中一貫教育自体の是非を問うまでには至らなかった。

その後、二〇〇六年「にしみたか学園」で最初の試行が始まった。同学園の検証委員会（委員長、金子郁容）の報告（〇八年[16]）では、不登校児童・生徒数の減少傾向（一五人↓一二人↓九人↓八人、ただし中学校のみでは、一〇人↓一〇人↓五人↓七人と必ずしも減少しているとはいえないと思われる）や「教員の相互理解の深まり」が成果として挙げられている。そのような結果を踏まえ、〇九年度から全ての学校が小中一貫校の形態（二小学校一中学校の学園が八校、三小学校一中学校の学園が一校）をとることになった。教職員は小中兼務となっているが、市の発行した「許可証」を受けて、教員免許状対象外の学校で指導を行っている。

5　教職員の意見から

二〇〇六年「にしみたか学園」に続き〇八年の三学園、〇九年にさらに三学園が加わり、全市での小中一貫教育体制が整った。それに対して、教職員はどのような感想を抱いているのか。

〇九年一月から二月にかけて、東京都教職員組合多摩東支部三鷹地区協議会が、全教職員を対象にアンケートを実施し、市内全二二校二一六名の教職員（全教職員の三七％）から回答を得ている。全教職員に用紙を配布し、各学校の教組責任者に提出する、という方式をとっているが、これは郵送方式のアンケートに該当すると考えられ、回収率三七％は有効なものであると思われる。また自由記述の割合が多く、半数近くの教職員の率直な声がダイレクトに反映されている。その結果は、三月に報告書としてまとめられたが、以下のようなものである。[17]

「三鷹市が進めている小中一貫教育は、三鷹の子どもたちにとって意義のあることと思いますか」という設問に対して、「全く思わない――三〇％、あまり思わない――五〇％、そう思う――一一％、とてもそう思う――〇・五％、わからない――九％」となっており、約八〇％が小中一貫教育を否定的に評価している（表４・３）。

また「小中一貫の進め方についてどう思いますか」については、「非常によくない――四八％、あまりよくない――三七％、まあまあよい――二％、非常によい――〇％、わからない――一三％」となっており、進め方については八五％が「よくない」と、一層否定的にとらえているのがわかる。

そのうち、小中一貫について否定的にとらえた理由の自由記述（全体で小学校七二件・中学校五二件）を見てみると、以下のような特徴が見られる。

表4・3　三鷹市の小中一貫教育は子どもたちにとって意義があるか
——教職員へのアンケート——

（人、%）

	2006年開園（2小・1中）	2008年開園（7小・3中）	2009年開園（6小・3中）	計	
とてもそう思う	1	0	0	1	0.5%
そう思う	10	10	3	23	10.7%
あまり思わない	24	43	40	107	50.0%
まったく思わない	8	37	19	64	30.0%
わからない	8	4	8	20	9.3%

出所）東京都教職員組合多摩東支部三鷹地区協議会の全教職員対象のアンケート調査結果（2009年3月）より。

①教職員の多忙化（小学校二九件、中学校二六件）

小学校・中学校とも共通して、教職員が準備や研修会、会議、行事等に追われ、子どもと向き合う時間や教材研究など必要な時間がなくなってしまっていることを訴える意見が多い。小・中お互いの「乗り入れ授業」のため、自分のクラスの授業が担任不在になってしまうことのデメリットについての記載も目立った。また、中学校では、放課後の会議等のため部活動指導の時間がとれなくなってしまうことを指摘した意見が数件あった。

主な意見として、「担任不在は悪影響」（小）「自分のクラスの子どもたちと関わる時間が減る」（小）「最大のマイナスは中学校教員が中学の授業を抜けて小学校の授業に行くこと」（中）「研究発表会のため、書類作成のために膨大な時間が取られてしまうこと」（中）「書類作成のための時間が多く、教材開発、研究、部活動等の時間が取れない」（中）などが挙げられる。

②子どもへのしわ寄せ、子どもは関心がないなど、子どもへのデメリット（小学校三一件・中学校一四件）

そのような教師の多忙化と関わって、子どもにしわ寄せがきているとする意見が圧倒的に多かった。

主な意見として、「教員のゆとりがなくなり、しわ寄せが子どもに」（小）「合同研等が多く、その分生徒が放ったらかしになっている」（中）「子どもに学力がつかない」（中）「小学六年〜中学生は良いと思う。子どもの学習を、研究のためにつぶすことも多い。関わる時間も少ないので不安定な子を生む」（小）「児童生徒の交流で児童会の子どもたちは忙しく『もう児童会はやらない』という声が聞こえてくる。選択授業があるが、中学でも効果が疑問視されているのに、時間に追われている感じで、やることが必要だと思わない」（小）などが挙げられた。

また、小中一貫自体に子どもは関心がない、子どもにとっての意義がない、といった意見も見られた。「現状では、子どもたちは一貫教育だと実感できていない。→意義が伝わっていない」（小）「子どもだって、小中一貫なんて関心がなく、迷惑がっているはず」（中）

さらに、以下のような子どもの荒れや学級崩壊についての生々しい記述がいくつか挙げられている。

「小低学年児童の基本的生活習慣がくずれ、中学での学級崩壊及び三校もの崩れの実態に目をつぶるべきものではない。一方乗り入れは科学的根拠も計画性もなく行われているため、何一つ

効果が上がっていない」（小）

「本年度、小学校に授業に行きました。後補充の先生が来たのですが……『何を教えたらいいかわかりません』と初出勤の日にいわれました。一ヵ月の教育実習（?）を経て、授業を任せ、予想通り、彼女の授業は崩壊し、一〇月途中から私が二年生の授業を持つことになりました。結局二年生にとっては不毛の半年間が残りました」（中）

「このままでは子どもたちはだめになってしまうと思います。一刻も早くやめるか形態を変える必要を感じます。一時間一時間の授業を大切にする考えと、自分のクラスを放って中学に行く姿は絶対に一致しません。」（小）

この制度の主たる目的であった「中一ギャップの解消」についても、実際にやってみて疑問視する意見も数件見られた。特に中学教職員の方に、小学校卒業と中学校入学という、子どもの〝リセット〟の機会の必要性をあげる声がいくつかあった。

「中一でリセットするチャンスは大切。中一ギャップをなくすのではなく、ギャップを乗り越える子どもを育てたい」（中）「メリットをまったく感じない。中一ギャップについても社会に出ていく上で必要なステップと考える」（中）「小学校と中学校の区切り、けじめがあってよいと思う。ギャップをなくしてだらだらといつまでも大人になれず、高校等で大きな壁にあたり乗り越えられない。中学校から新たに、という子がリセットできない」（中）

小中一貫の進め方についての設問については、やはり多忙化を挙げる声が多いのだが、それ以外には、トップダウンであることの問題点を指摘する意見が目立った。主な意見として、以下のようなものがある。

③トップダウンであることの問題点

「何事も知らないうちに決まっています」（小）

「現場の声が聞き入れられていない」（小）

「突発的に決定されてくることが多い（発表会、パンフレット、指導案集など）」（小）

「国や都から予算が出ない。三鷹市内で財源を確保するために、アントレ教育等〔筆者注――アントレプレナーシップ（企業家精神）の省略形「アントレ」が三鷹市では一般化している〕のドクトリン（原理）を用いて、議会を動かさねばならないなど、トップ主導の運営のため、現場に定着しないと思う」（中）

「現場の意見が全く上に吸い上げられず、一方的におりてくるしくみ。現場の教員は納得していないので形だけは進んでいるが、教員の心は伴っていないのが現状だと思います。子どもも教員もやらされている小中一貫の感がします」（中）

「市長からのトップダウンが×」（中）

逆に小中一貫のメリットについては、全体的な件数は少ないが（小一二件、中五件）内容を見ると「教員同士の交流の機会が増えた」「小学校との情報交換はよい」（中）といったお互いの教員の交流を挙げる意見が目立ち、本来の目的だった中一ギャップの解消についても成果をあげる意見が三件あった。

なお、他方で、行政側が行った小中一貫校検証資料として二〇〇九年四月に出された『三鷹市小・中一貫教育校「にしみたか学園」の実践に関する検証報告書』（平成二〇年度概要版）がある。まず、小中一貫を企画した学識経験者と検証委員会の同一メンバーである点が気になる。第三者による検証が必要ではないだろうか。内容は、保護者及び子ども、教師へのアンケート結果および個々の取り組みについて「取り組みと成果」「課題と改善点」の委員会によるまとめの記載が掲載されているが、まとめの記載は全体的に積極的に評価する内容が多い。

個々の取り組みについての教員による評価は、設問が「重要度」「現実度」「ニーズ度」を聞くものであり結果がわかりにくくなっている。ただしその中でも前述教職員組合アンケート調査で批判的意見が多かった「相互乗り入れ授業の打ち合わせ」「相互乗り入れ授業の実施計画」「学園運営委員会の会議の方法」の三項目は「わからない」とする答えが二五％を上回っていた。また「英語活動」「選択制学習」「選択教科」の三項目に関しては、教員によるニーズ度が一〇％以下であり、より「改善点」を考慮した分析が必要ではないかと思われる。

とりあえず、このような調査を一校のみならず、実施している全ての保護者、教職員、子どもにわかりやすい設問、あるいは自由記述を書かせるなどして実施し、わかりやすい形で公表していくことが求められるであろう。

6　まとめにかえて

これらのアンケート結果などを考慮して、三鷹市の小中一貫教育については、以下のような問題点があると思われる。

第一に、小中一貫教育が、子どもの現実や要求から出発したものではなく、さらに子どもの発達段階にあったものなのかも十分に検証されていない点は問題であると思われる。むしろ、「中一ギャップ」を口実にしながら、実は、ＰＩＳＡ型「基礎」「活用」タイプにカリキュラムを整合させていくことが目的だとしたら、保護者や国民をだましているかのような印象を受けかねない。

また、例えば、ある保護者は、小学校でつける学力で最も大事なのはアントレプレナーシップと教師にいわれて戸惑ったと述べる(18)。小学生の発達にとって、企業家精神の重要性を指摘する議論は、決して子どもの発達論や教育学の成果から導き出されたものではない。小学校一年生からの英語の導入についても十分な検証が必要であろう。子どもを新自由主義教育改革の実験台にしてよいものではない。

第二に、アンケートに見られる教職員の多忙化は、教職員にも子どもにも悪影響を与えると思われる。一刻も早いその解消が必要であると思われる。教職員が、子どものために役に立つ、必要だ、と感じていないカリキュラムを「やらされる」ことは、多忙感をさらに増人させるものであろう。

第三に、トップダウンで降りてくる教育課程に関わる方針が、従来の学校自治的な関係を壊す危険性があることが考えられる。学校は、長年培った独自の文化や教育内容、地域との関係などを有している。それが、教育内容・方法にまで関わる小中一貫教育によって、覆されてしまう危険性がある。

第四に、コミュニティ・スクールの学校参加制度が十全に機能しているのか、懸念される。参加はトップダウンの意向を補完するためにあるものではなく、子どもに直接かかわる教職員や保護者の教育要求を学校運営に正しく反映するためにあるものであろう。

総じて言えば、これらの問題点について保護者や市民と共有して、子どもがダメージを受ける前に、すみやかに改善していくことが必要であろう。学校選択制や二学期制などは、教育制度の比較的外側に手を加える改革で、子どもへのダメージもダイレクトではなかったのに対し、小中一貫教育は、日常の子どもの教育活動、教育内容・方法によりダイレクトに関わってくるので、早い対応が必要だと思われる。

またその結果を十分検証しないままで、他の自治体にこの制度を拡大していくことに対しては慎重であるべきであろう。

（1）　金子郁容『日本で「一番いい」学校』二〇〇八年、岩波書店、八九―九九頁。金子は全国の「いい学校」（彼の提唱するコミュニティ・スクール）を紹介するとともに、全国学テの結果を「いい学校」づくりにどう活用したらいいかを示す、としている。

（2）　金子郁容氏の巻頭挨拶より、三鷹市教育委員会『三鷹市小・中一貫教育校「にしみたか学園」の実践に関する検証報告書（平成二〇年度概要版）』二〇〇九年、一頁。

（3）　東京都教職員組合北多摩東支部三鷹地区協議会「三鷹市小中一貫の取り組みについて全教職員アンケート実施結果」（二〇〇九年三月）より。〇九年二月に三鷹市の小中学校全教職員に対して呼びかけ、実施したもの。回答率は三七％（二一六名）、市内全二二校から回答あり。

（4）　三鷹市教育委員会「三鷹市立小・中一貫教育校の開設に関する実施方策」（二〇〇五年一〇月）の「個に応じた指導の徹底（少人数指導・習熟度別指導）」の項の記載より。

（5）　大平勲（京都教育センター）「京都市の『教育改革』と学校統廃合問題」報告およびレジュメより。二〇〇九年一月三一日、教育研究所全国交流集会（於フォレスト仙台）より。

（6）　二〇〇三年、品川区の日野中学校から、第二日野小学校への移転による施設一体型小中一貫校・日野学園建設に際しては、日野中からは五反田の繁華街を経由して徒歩三〇分以上かかる大崎駅前への通学のため、日野中保護者が移転反対運動を起こした。

（7）　安達智則『自治体「構造改革」批判』二〇〇四年、旬報社、一三四―一四四頁。一九九八年一二月、三鷹市は財団法人社会経済生産性本部と、企業経営評価の基準を自治体行政に適応するための共同研究を開始したが、その基準は市民を「顧客」としてとらえるもので、「政治的主権者としてとらえる手法はひとかけらもありません」（安達）といわれる。

（8）進藤兵「東京都の新自由主義的教育改革とその背景」、堀尾輝久・小島喜孝編『地域における新自由主義教育改革――学校選択、学力テスト、教育特区』二〇〇四年、エイデル研究所、二〇―二一頁。

（9）シンポジウム「三鷹市教育ビジョン策定への提言（中間のまとめ）」（二〇〇四年）。コーディネーター――金子郁容、シンポジスト――小島宏、小松郁夫、玉村雅敏。シンポジストの一名が品川区との比較について次の様に発言している。「S区の場合は、学校選択制を採用していて、私立に負けないように、という他の狙いもある。……小中一貫教育は内容的にも保護者や地域の人が関わっていける。三鷹は地域力があるので、ベストに近い義務教育が一貫性を持ってできると思う。」

（10）進藤、前掲書、二五頁。

（11）東京都教育委員会「東京都教育ビジョン実現に向けた取り組みの進捗状況（平成一六年四月から平成一九年六月まで）」二〇〇七年、二頁。

（12）三鷹市教育委員会「小中一貫教育校の創設に向けて（中間報告）」二〇〇三年一〇月。

（13）東京都教職員組合北多摩東支部三鷹協議会「『小中一貫教育校の創設に向けて（中間報告）』を読んで」二〇〇三年一二月。

（14）三鷹市教育委員会「小中一貫教育構想委員会最終報告」二〇〇三年一一月。

（15）東京都教職員組合北多摩支部三鷹地区協議会・土屋昭憲議長、三鷹市教育委員会・岡田行雄教育長宛て「小中一貫教育構想については、保護者・市民、教職員の声を十分に聞き拙速に実施しないことを求める要望書」二〇〇四年六月。

（16）三鷹市教育委員会『三鷹市小・中一貫教育校「にしみたか学園」の実践に関する検証報告書』（平成二〇年度概要版）、二〇〇八年。

(17)　東京都教職員組合北多摩東支部三鷹地区協議会、前掲資料。

(18)　子どもと教育、教科書を考える三鷹連絡会、講演・学習会「これからどうなる小中一貫教育?」(二〇〇九年六月二〇日、於三鷹市市民協働センター)、小学校保護者の発言より。

II

学校選択制の一〇年

第5章　学校選択制の見直し動向と学校統廃合
――群馬県前橋市のケースから――

1　二〇〇八年における学校選択制の見直し動向

一九九五年の政府の行政委員会の提言以来、政府、財界が積極的に提唱してきた学校選択制は、東京都、埼玉など首都圏を中心に一定程度普及してきた。しかし、それ以外の自治体においては、普及は進まなかった。二〇〇四年に文科省は初めて全国の導入自治体数を公表したが、同年には、突然、県庁所在地の複数の自治体が選択制を導入している[1]。

二〇〇九年二月の規制改革推進会議の市町村教育委員会への調査では[2]、学校選択制導入率は、小学校一二・九％。中学校一四・二％、検討中はそれぞれ五・六％、五・〇％に過ぎず、逆に「廃止または廃止を検討中」が〇・四％、〇・六％あった。表4・2Bの年度別推移を見ると、〇五～〇七年度に導入した自治体が最も多い（小学校三九・八％。中学校四一・二％）のに対し、〇八年度にそれまで増えていた導入自治体数が急激に減っていることがわかる。同年は、群馬県前橋市が、選択制のデメリットを挙げ全国で初めて廃止を決定し、さらに東京都江東区が制度の見直しを決定している。東京都練馬区学校選択制検討委員会は、同年八月に教職員や保護者のアンケートに基づき、選択制のデメリットが顕著に表れた検討委員会報告書を公表している。〇八年が学校選択制の転機だったといえよう。

それらの自治体に共通して挙げられるデメリットとして、

①地域の教育力の低下
②学校間の格差の拡大
③通学面の安全が保障されない
④入学者数が変動するため、教職員体制が組みにくい

等が挙げられる。それ以外の点としては、例えば練馬区の報告書では、選択制によって保護者の学校参加が後退することがアンケート調査から読み取れる。

本章では、群馬県前橋市における選択制廃止の理由について検証してみたい。結論を先取りすると、市が学校統廃合計画を確定したために、デメリットの大きい選択制が不要になったと思われる。

2　選択制導入から廃止へ——前橋市

選択制廃止に至るまで

前橋市は、群馬県の県庁所在地で人口約三三万人、二〇〇四年に一町二村と、〇九年に一村と合併している。また同市は、二〇〇四年に学校選択制を導入している。この時期に、大分市、宮崎市、仙台市、岡山市などの全国の県庁所在地の自治体が選択制の導入を検討し、多くが導入を決定している。そこには、何らかの中央レベルからの指導があったのではないかと推測されるような時期の同一性が見られる。

前橋市においては、答申「前橋市立小学校・中学校の就学区域及び適正規模に向けて」を受けて、二〇〇八年、市議会で野党の共産党議員のみの反対によって、選択制導入が決定された。その理由としては、①各学校の「特色ある学校づくり」の推進、②児童・生徒・保護者が、通学距離・安全面を考慮して学校を選べる、③教職員の意識改革および保護者らの積極的な学校との関わりと協力関係の維持、が挙げられた[3]。また、規則において、学校選択の範囲は「児童生徒が自力で通学することができる範囲——小学校は四キロメートル以内、中学校は六キロメートル以内」と限定された。前橋市の場合、通学距離や通学安全面の問題が論点に挙がることが多いのが特徴的である。

五年間の選択制の申請者数を見ると、小・中で、二〇一人↓二九四人↓三六〇人↓四一一人↓四六一人（中学校では八五人↓一四七人↓一八四人↓二二八人↓二六三人）と倍以上に増加している。さらにメリットとして、（学区制度に縛られず）住居から近い学校を選択できるようになったこと、および、中学校の部活動を選択できる環境ができたことが挙げられている。

しかしながら、四年間の実施を経て五年目の〇八年、教育委員会から「課題」すなわち結果的なデメリットとして以下の点が挙げられるに至った(4)。

①地域自治会、子ども育成会等、地域の教育力の低下。
②登下校の安全面の確保の困難化。
③生徒数の偏りの発生、特定の中学校の生徒数減少。
④本来の目的から外れた、進学など学習状況や「荒れ」など生徒指導面の噂や風評による選択の出現。開設された公立小中一貫校や国立付属中学校受験のいわゆる〝すべり止め〟として選択制利用。

学校統廃合計画

選択制導入二年後の二〇〇六年、前橋市教育委員会は「前橋市立小中学校の適正規模に係る諮問委員会」を発足させ、〇七年に答申を受けている。その中で、児童・生徒が『多様な人間関係の中で成長できる」ことが特に重要であるとしている点は、その後も同市において特徴的に見られる。そして答申を受け、〇八年八月、市教委は「前橋市立中学校の適正配置・適正規模基本方針」を公表する。そこでも「多様な人間関係」を確保し「人間関係の固定化を避ける」ために一定の学校規模を必要とするというロジックが強調されている。[5]

そして、そのような理由から、小中学校ともに「一二〜一八学級」が「適正規模」と設定された。さらに、一一学級以下を「小規模校」と称して、将来的にも「適正規模」への「回復が難しい」学校に対しては、「通学区域の見直し」「学校の統合」の二つの方策で対応していくこと、および具体的な統廃合の対象となる学校名（小学校六校、中学校四校）が示されている。答申は、学校選択制については「適正規模・適正配置推進の根拠となる将来的な児童生徒数の推計値を不確定にすることにもなる」ため、「在り方を大幅に見直すこととする」ともしている。[6]

これは、前橋市においては初めての具体的な校名を挙げた統廃合計画の提起であった。手続的には、学校及び地域の関係者からなる「適正規模地区委員会（一〇〜一五名）」が置かれ、合意形成の後、「適正規模合同地区委員会」を設置し、統合条件や跡地利用について決定していくとされた。

この「基本方針」の特徴は、「適正規模」以下、すなわち一一学級以下をすべて「小規模校」と称し、「適正規模」に向けて改善すべきとした点である。都内の市区等を見ると、「適正規模」以外に、「一五〇名」「一八〇名」などの「最低基準」を設定している。この最低基準を割り込んだ場合、統廃合対象とされていくのである。しかし、「適正規模」以下を全て「適正」でなく改善すべき、とするこの考え方は極端なものである。すなわち、前出のように適正規模はあくまで行政効率性から算出された数字で、教育学的な根拠はなく、これ以下の規模の学校が教育的に見て問題があるとはいえないからである。

ちなみに、全国的に見ると、前橋市以外に、宮城県仙台市（二〇〇四年）、茨城県取手市（二〇〇八年）がそのような適正規模を即、統廃合の基準とする方式を採用している。また練馬区が、「適正規模」以下を独自に「過小規模校」と称し、やはり統廃合を含めた改善策をとるべきという方針を出している。

前橋市ではこのような強引な基準設定のもとに、統合対象校が公表された。それらの中には、明らかに、選択制導入後、入学者数が減少し小規模化した学校が含まれていた。特に、最初の統廃合対象とされた旧市内の中学校は、部活動の選択や、かつての「荒れ」の風評などから選択制で生徒数を減少させていた。しかしながら、市議会における「統廃合をしたいがために選択制を導入したのではないか」とする野党側の追及に対して、市当局は、「選択制と統廃合は関係はない」と答弁し続けた[7]。

そして、この統廃合対象校公表の「報告」が出された直後の二〇〇八年九月、教育委員会が設置した学識経験者、行政自治委員、保護者からなる「前橋市立小中学校選択制検討協議会」が選択制を二〇一一年度から廃止する方針を公表し、教育委員会、市議会において決定された。その際、市教委は文科省まで廃止の旨を説明に出向いたとされる。市議会では、導入を推し進めてきた与党の保守党系側が速やかに廃止論に回っている。すでに数年前から、市議会で保守党系議員は、小規模校は教育的効果が上がらない、など統廃合の布石となるような発言を行っていた。選択制が続けられれば、公表された統廃合の根拠となる将来的な児童生徒数の推計値を不確定にすることにもなる、これが、選択制の早急な廃止の決定的な理由ではないか、と共産党市議の中道浪子氏は述べている[8]。この点がデメリットとなることについては、市議会でも市側の選択制についての答弁で挙げられる[9]。

統廃合の進捗状況

二〇〇八年に統合対象と公表された、二中学校、二小学校、一小学校と一分校では、前述の適正規模地区委員会が〇九年二月に設立され、統廃合の検討を始めた。その委員は、地域の自治会長、ＰＴＡ会長、学校評議員、学区内の小学校のＰＴＡ関係者から構成されている。校長、教職員は一切排除されているのが特徴的である。

統合対象とされた第二中学校、第四中学校の地区委員会の場合、二中の地区委員会は、二月に一回の会議後、二回の小委員会を経て、校区の全世帯を対象にアンケートを実施した。「委員会は統合して『新しい中学校』をつくることが最も適当と考え」るがそれに対して「感想は？」というやや強引な問いに対して、「理解できる」「やや理解できる」が七八・八％、「不安」「やや不安」が一六・二％となった[10]。また四中および校区小学校のアンケートも統合に賛成の意見が多かったことから、二ヵ月後の四月には「統合が望ましい」という方向性を決定している。[11]

さらに五月には、二中、四中合同の地区委員会が開催され[12]、全住民に対して、両中の「適正規模化に関わる今後の検討」を両地区委員会にゆだねることに同意するかしないか、のアンケートを取るに至った[13]。この「ゆだねる」という表現に対して、一部住民から、「どのように理解したらよいのか」といった声があがったといわれる。しかし、結果的には九九％以上が「同意」した。

さらに、アンケート用紙には、参考資料と称して、小規模校の一般的なメリット・デメリット各三点ずつの記載以外に、「各学校の教員数は学級数によって決められており、全ての教科を専門教科の教師が担当するための望ましい学級規模は一学年四学級以上（一二学級以上）となります」「二三年度からは学校選択制が廃止されるため、生徒は部活動の有無で学校選択はできなくなります。……統合すると、部活動は二〇程度（筆者注――現在二中は生徒数一三七名で部活数は九部、四中は三二〇名で部活数は一五部）の部活数になると考えられます[14]」という二つの記載があったため、保護者の中には、強く不安を感じ、もはや統合は避けられない、と判断する傾向が生まれた、と野党の市議会議員は述べている。

前者の点については、実際にはこのような基準はあり得ない。教員配置は各県の基準で定められている。群馬県教委は、例えば学年一学級ずつの全校三学級の場合は、教師が専門外の実技教科を教えるケースもあり得るが、各学年四学級・全校一二学級のような規模では、よほど教員の教科に極端な偏りがない限りはそのような事態は生じない、と述べる。

後者の点についても、部活動が一校に二〇部ある中学校が必ずしも一般的とは考えられない。そのように一校に総花的に部活動が存在するべきである根拠はないし、そうなった場合、顧問などの教員の負担も図り知れない。結局、統合を誘導するような流れの中で、地域住民や小学校保護者の中には統合に賛成しかねる声が出たものの、中学校保護者は、それらの理由から統合に賛同していった。

統廃合を進めるための選択制

このように、前橋市においては、統廃合計画を具体化させるために、小規模校をより小規模化させるべく学校選択制が数年間導入され、計画が公表された後は、地域の教育力を低下させるなどデメリットが多いこの制度を、市当局、保守党系議員らが率先して廃止したと思われる。しかしおそらく、主要な廃止理由は、統合計画決定後の児童・生徒数において不確定要因となる、という点ではないかと思われる。

また、同市は二〇〇四年以降四つの町村と合併しているが、そのうち二つの旧自治体で将来的な統廃合計画が公表されている。最初の統合は旧市内の二中学校とされており、住民参加形式をとりながらも実は教育委員会の意向を強く受け、教員を排除した地区委員会が統合決定までを極めて急いで、住民合意を取り付けようとしているのがわかる。前橋市のように保守勢力が強い地域では、市当局が組織した住民参加組織によって施策が速やかに進んでしまう危険性があると思われる。また、教職員が参加していないことにより、子どもに最も影響を与える学校の文化・伝統や教育内容の継承といった視点が抜け落ちてしまう。

統廃合は、住民の人口循環や地域センター、避難拠点としての学校の消失など、地域の将来計画と直結してくるため、より丁寧で慎重な合意形成が必要であると思われる。

(1) 二〇〇五年、文部科学省初等中等教育局初等中等教育企画課教育制度改革室「小・中学校における学校選択制の実施状況について」。全国の自治体（市町村、学校組合）の〇四年度入学に係る状況について調査、小学校は八・八％、中学校は一一・一％が導入していた。ただし、これには一般的な選択制とは異なる「特認校制」（特定の山間部などの小規模校について、当該市町村のどこからでも就学を認めるもの。不登校対策などにも用いられる）を含む。

(2) 二〇〇九年六月、規制改革推進会議「教育委員会及び保護者に対する意識調査報告」。

(3) 二〇〇八年九月、前橋市教育委員会学校教育課「学校選択制見直しの基本方針」。

(4) 前掲資料。

(5) 二〇〇八年八月、前橋市教育委員会「前橋市立小中学校の適正配置・適正規模基本方針（案）」一頁。

(6) 前掲資料、四頁。

(7) 前橋市市議会会議録、二〇〇九年三月。平成二〇年度三月議会、中道浪子市議会議員の質問に対する清水学校教育課長の発言より。

(8)　二〇〇九年六月一二日、前橋市民学習会「学校統廃合問題を考える――子どもにとってよりよい教育環境とは――」の中道浪子前橋市議の発言より。

(9)　前橋市議会会議録、二〇〇八年九月。平成二〇年度九月議会、近藤良枝市議会議員の質問に対する佐藤博之指導部長の発言より。

(10)　前橋市教育委員会「第二中学校適正規模地区委員会だよりNo.2」二〇〇九年四月。

(11)　前掲資料。

(12)　前橋市教育委員会「第二中学校・第四中学校の適正規模化に関する説明会の報告」二〇〇九年五月。

(13)　第二中学校適正規模地区委員会委員長・第四中学校適正規模地区委員会委員長による。第二中学校・第四中学校区住民各位あて「『第二中学校・第四中学校の適正規模化にかかる意向調査』実施のお願い」二〇〇九年五月一五日。

(14)　前掲資料。

第6章　始まった学校選択制の見直し

学校選択制のデメリット

一九九〇年代後半以降、一貫して政府・財界が提唱してきた公立小・中学校の学校選択制の見直しが自治体レベルで始まっている。

数年前までは、選択制で実現できると称された「特色ある学校づくり」「教師の意識改革」といった、じつはまったく実証されていない〝メリット〟が行政によって声高に叫ばれ、制度的なデメリットを提示しない自治体[1]が多かった。しかしながら、二〇〇八年に入って、いくつかの実施自治体では、学校選択制の問題点として、主に、①「学校規模の格差」の出現、②「学校と地域社会の結びつきの弱まり」といったデメリットが挙げられ、制度の検証に入っている。

たとえば、東京の練馬区では、保護者・教職員へのアンケートにより、特に教職員の声から、学校にとって選択制の弊害が多いことが容易に読み取れる「選択制度検証委員会」報告書が二〇〇八年七月に公表されている。教職員の半数が「学級編成が流動的」といった問題点を指摘している。これは以前には考えられなかったことであり、明らかに、政策レベルでの方針の一定の変更があったと思われる。

二〇〇二年から選択制を実施してきた東京都江東区では、制度は継続するものの、①地域とのかかわりを重視して「指定校への入学を原則」とする、②小学校は原則として徒歩で通える範囲内とする、③選択希望締め切り後の希望校変更は一回のみで、抽選に落ちたら指定校に入学するといった規制を新しく設ける、という三点を〇八年九月の教育委員会で決定した。また、〇四年から実施してきた群馬県前橋市では、二〇一〇年度からの選択制の原則廃止を決定した。

両自治体とも、公式の見直し理由には前述の二点、学校と地域の連携が薄れ地域の教育力が低下したこと、希望が集中し過密化する学校と小規模化する学校の二極化の出現に加えて、風評や学校の施設・立地条件のみで選択される傾向があることが挙げられる。

しかし、「見直し」推進主体は異なる。江東区では、町会など地域の保守層や同窓会組織などが選択制に反対し、新区長を動かした。特に深川や門前仲町など昔からのコミュニティが存続する下町では、祭りや子ども会などを通して地域と学校の結びつきはきわめて強い。ある町会長は、「選択制は江東区にそぐわない」と断言する。ここでは、町会運動会、祭りへの参加、クリスマス会、もちつき、住民「親睦会」など、町会レベルで子どもが参加する行事が多数ある。町会長は、学区が重なる小学校の学校評議員としてこまめに学校の活動に関わる。同窓会も含めて「地域の子どもは地域で育てる」という意識がきわめて強い。彼らは、マンションなどの新住民の子どもにも積極的に働きかけている。さらには、伝統ある下町の学校が選択制のために小規模化し統廃合が懸念されるようになったことに、町会や同窓会、ＰＴＡのメンバーが反発した地域もある。小規模校になっても即統廃合対象とすることはしない、といった言質を彼らが教育委員会にとらせたケースもあった。

それに対して、前橋市の場合、行政当局・保守党系議員らが率先して見直しを図った（革新系議員も選択制に一貫して反対であるが）。五年間の選択制の中で小規模校が固定化した結果、二〇〇八年八月に教育委員会が「前橋市小中学校の適正配置・適正規模方針」を策定し、一〇小・中学校の統廃合対象校名とタイムスケジュールが具体的に公表された。その結果、おそらく選択制の真のねらいであった統廃合計画が現実化したために、あとには地域の教育力の破壊や登下校安全確保の困難といったデメリットだけが残ることになる。そこで、保護者から多少苦情は出たとしても、あたかも役目を終えた選択制は必要ない、とばかりに行政サイド主導ですみやかに廃止が決定したものと思われる。この数年の市議会では、保守党系議員による「小規模校はいかに教育的にまずいか」といった議論がくり返され、統廃合実施が急かされていた。

統廃合と結びついた学校選択制

英米では、学校選択制は学力テスト、教員・学校評価などとセットで新自由主義教育改革の一つのパートとして導入されてきたが、日本では、特に統廃合との関係が特徴的である。

東京の各区では、選択制導入とほぼ同時期に、「適正規模・適正配置計画」と称する統廃合計画により小中学校の適正基準、最低基準が設定され、「選択」されない単学級の小規模校は簡単に廃校にされてきた。地域の共同関係が壊されるため、反対運動も起きにくくなる。選択制の旗振りをしてきた品川区は、導入時に教育長が、統廃合と結びつけない、と言質を取られたにもかかわらず、二〇〇八年一一月「学事制度審議会」報告で、学校間格差が生じたため「学校統合という手段が必要」と方針を露骨に覆している。格差が生じたのは選択制のせいだということにはなぜか言及がない。二三区では過去八年間で一三〇校以上が廃校になり、公教育が〝効率的〟序列的に再編されてきた。

しかし、始まった「見直し」の背景には、おそらく選択制導入による急激な地域の教育力の衰退による子どもの「荒れ」の出現や、不登校の増加などがあると推測される。集団が形成されにくくなり、子どもも保護者も何かトラブルがあると簡単に「転校」を口にするようになった品川区、教師による地域での指導が困難になり学区を超えた子どもたちの集団抗争が起きるようになった足立区のケースなどはもちろんのこと、小規模化した学校を統合した学校で「荒れ」が出現するケースは目立っている。(2) 子ども不在で導入され、成果の実証性がない新自由主義教育改革が、実は子どもたちにダメージを与えていることが検証される必要があるだろう。

（1）仙台市、宝塚市など保護者・市民らの運動により選択制のデメリットを広く普及できた自治体では、選択制導入は阻止されてきた。

（2）例えば、田中孝彦・山本由美・東久留米の教育を考える会編『地域が子どもを守る――東京・東久留米の学校統廃合から』二〇〇七年、ケイ・アイ・メディア、参照。

第7章　学校統廃合をはね返す地域の力はどこにあるか

戦後第三のピーク

最初に全国的な学校統廃合の状況をおおまかに見てから、東京都の問題に入りたいと思います。みなさん学校統廃合が増えた増えたと言いますが、私は戦後第三のピークだと思います。第一のピークは昭和の市町村合併に伴うもの、第二は過疎地対策に伴うもの、そして第三は新自由主義改革によるものです。

文科省の資料「公立学校の年度別廃校発生数」（表3・1参照）を見ますと平成一二年（二〇〇〇年）からだんだん増えて、今も増加しています。自治体別に見るとどうなっているか。文科省は「公立小中学校の年度別廃校数」と「公立学校の都道府県別廃校数」の二つしか公表していません。都道府県別となると平成四年度（一九九二年度）から一九年度（二〇〇七年度）まで一五年間を合計したとんでもないデータで、年度別の資料がほしいといったら文科省は「持ってない」といって出してもらえませんでした。

ちなみに東京都のこの一五年間の廃校数は全国で二番目。一位は北海道で、東京、新潟、青森、岩手、熊本というように続いています。自治体によって廃校の理由は違うのですが、都道府県別年度推移については、文科省は「各都道府県庁に聞いてください」というので、都道府県庁に電話をかけて廃校数を聞きました。たいがいは何年に何校と教えてくれるのですが、北海道と東京は近年のデータしか教えてくれませんでした。また、北海道の廃校には「休校」という概念があります。この休校というのは北海道と高知県に多数見られます。ちなみに二〇〇七年度の北海道の廃校数は小学校で四三校、休校が一六校なので、足すと五九校とかなり多くなるのですが、休校がその後どうなるのか実態はよくわからないのです。

北海道、東京、新潟、青森、熊本、広島の一九九三年度から最近までの廃校数を電話で各県庁などにたずねました（表３・３参照）。新潟、熊本、広島、青森などは市町村合併による廃校数が二〇〇三年度くらいからぐんと増えてくるのがわかります。特に新潟、広島は市町村合併が激しかった自治体で、廃校数も多い。ただ、愛媛県などは島にある学校が多いので、市町村合併しても学校統廃合は不可能なので、市町村合併と統廃合がはっきりとリンクはしていませんが、多くの自治体では市町村合併にともなって学校統廃合が増加しています。

それに対して市町村合併をあまりしていない自治体として北海道、東京、大阪がありますが、東京の九三年度からの変化を見てみると、結構以前から学校統廃合は多いのです。九三年度廃校が小学校二三校とありますが、この二三校のうち一八校は同じ自治体です。みなさんどこの自治体かわかりますか？　そう、千代田区の統廃合です。この問題は区長選挙の争点にもなったのですが、新自由主義改革に入る前の、いわゆる少子化と行革が背景にあると思われます。越境入学もあったのですが、少子化による統廃合の典型的な例とされています。

ただ、その後の九六年度くらいからは全国とは異なったタイプの、いわゆる学校選択制とリンクした統廃合が早くから出てきているのが東京の特徴です。しかし、それ以前に東京では少子化による統廃合が多くて、しかも統廃合に反対する市民運動が存在したのです。最近運動が出てきたわけではなく、むしろかつての方が、学校を守る地域住民や保護者や教職員の反対運動があったと考えていただいた方がよいのではないかと思います。

新自由主義的教育改革と学校統廃合

一九九六年に、足立区では実質的な学校選択制が導入されて、二〇〇〇年に品川区で制度的な学校選択制が入り、短期間の間にほとんどの自治体で、二三区中一九区、二六市中一〇市で学校選択制が導入されています。

ほぼ同じ時期にそれぞれの区で、学校統廃合と直結する適正規模・適正配置の審議会などが作られて基準が設定されています。適正規模は小学校・中学校とも一二～一八学級が多いです。これは統廃合の第一のピークである昭和の大合併（一九五〇年代前半～）の時に、行政効率性から人口八千人に一つの中学校が適切であると算出され、一二～一八学級とされたのが学校教育法施行令などに残っていて、今でもこれが基準として使われることが多いのです。まったく教育学的根拠はなくて、むしろ、一二〜一八学級というのは国際的にみてもかなり大きい規模だと思います。

そして最低基準として全校生徒一五〇人、一八〇人という数値がこの五年間にいくつかの自治体で設定されました。これによってどういうことが起こるかというと、学校選択制のもとでは小規模校は保護者から敬遠されるので、導入後すぐに児童・生徒数が一五〇人や一八〇人を切る。そうすると行政が手を汚さずに速やかに統廃合できる。そういう仕組みがこの間いくつかの自治体でできたのです。

また、行政が公表する情報よりも風評によって保護者の選択行動が左右される。そしていったん行政がこの学校は将来統廃合される可能性があると公表すると、風評はどんなに誰が打ち消してもあっという間に広まって、新入生が激減する。希望者が数人になると、行政は保護者を個別訪問して希望校を変えさせたりするケースもあり、新入生ゼロが生み出されて統廃合につながる。こうして二〇〇〇年から二〇〇八年の廃校数が二三区で一三〇校以上です。東の足立、江東、台東区に多かったのが、最近は西の渋谷、新宿、中野、品川などに移ってきています。

さらに二〇〇三年から区や都の学力テストが入り結果が公表されるようになると、たとえば足立区では学校を順位順に並べてインターネットで公表し、学テ結果にもとづいて親の選択行動が決定される傾向が見られるようになりました。成績の達成率の高い学校に希望が集中して抽選などが行われる。達成率が低い学校は選択行動から外されて生徒数が減少する。このような公立学校の二分化が起きたのは足立区が典型例です。

また東京都で増えている二学期制の問題もあります。二学期制がなぜ新自由主義かと思われるかもしれませんが、トップダウンで教育課程が一斉に上から決められる。今までは教育課程の編成権は各学校が持っていて、保護者や地域住民との関係で行事を織り込むなど、時間をかけて作られてきたのですが、一瞬のうちにトップダウンでくつがえされる。これは教師の意識改革です。教育内容については強力にトップダウンで決めていくべきだという、NPM型改革の一つです。企業経営的な学校経営にもっていくために、今までの学校の自治的な関係を壊してしまうために、一気に教育課程を変えていこうとするものです。文科省は学習指導要領の改訂により授業時数の確保のためだとかいろいろな導入理由をいいますけど、教育改革として大きな意味を持っていると思います。

もう一つは小中一貫校。今多くの自治体で小中一貫教育が導入されています。小学校から中学校に上がると不登校が増えるので「中一ギャップ」をなくすということが公的な導入理由としてしばしば挙げられます。また、エリート校をつくるとか、カリキュラムを受験対応型にしていくとか、いろんな口実があるのですけど、実は小中一貫校にすることで学校統廃合が非常にすみやかにできる。二つの学校を一つにする。京都では七つの小中学校を一つにする例もあります。しかし行政がエリート校になると言うので、保護者は誰も反対できない。あるいは反対しにくい状況がうまれているのです。

このような新自由主義型の学校選択制とリンクした学校統廃合は、選択制を多くの自治体が導入しているのは東京と埼玉ぐらいなので、東京型と言っていいかもしれません。しかし、地方に見られる市町村合併にともなう学校統廃合と東京型の学校統廃合に共通するものは何か。それは保護者の統廃合に反対する意識が弱まってしまっていることです。いわゆる切磋琢磨論とか大規模校の方が教育効果は上がるとか、競争しないと子どもは駄目だとか、社会性が身に付かないとか、行政がいろんな媒体を使って小規模校は駄目で大規模校が教育的にいいという規模チェックが、全国津々浦々の保護者によく浸透しています。それをくつがえす運動が必要になっている。

佐賀県唐津市に行ったら教職員組合の課題は切瑳琢磨論の克服だと言っていました。伝統的に子育て・教育の共同がつくられてきた東京の東久留米市でも、小規模校ダメ論によって容易に保護者の関係が崩されてしまう。本来なら地域の学校がなくなるのは非常に悲しいことで、デメリットが多くあまりいいことはないとわかっているのに、それを感じられなくさせられている親の気持ち、悲しみを悲しみと感じられなくなるようにさせられている新自由主義的な意識、自己責任論、そういうものがすごく共通していると思います。行政の宣伝がよく浸透しているので、それをひっくり返していくには統廃合のデメリットをきちん伝えていかないといけないと思います。

子どもの荒れ——学校統廃合に二つの問題

私はこの何年か学校統廃合の調査をしていますが、統合後に学校が荒れるケースが多いのです。学校統廃合によって子どもにダメージが与えられる。例えば東久留米市の滝山小学校。東久留米市は子育て・教育運動が伝統的に強いところでPTAが統合後アンケート調査を行った。その結果、臨床教育学者の田中孝彦さんが一緒に検証してくださったのですが、子どもによっては、ほとんど心的外傷といえるくらいの心の傷を負ったりもする。統廃合がいかに子どもの心にダメージを与えるか、きちんと検証していかないといけない、と考えています。

学校統廃合で子どもがダメージを受けるケースには二つの特徴があって、一つは教育内容のすりあわせがないことです。これまでそれぞれの学校で培ってきた文化や教育内容が断ち切られてまったく違うものになってしまう。それによって子どもは混乱し、不安になってダメージを受けてしまう。二点目は統合したところに前の学校の教師がついていかないことです。子どもが混乱し不安になった時にそれを相談し、一緒に克服していけるような親密な関係をもった教師がいた場合、子どもたちはそれを何とか克服していける。教師も教育内容の差についても埋め合わせようと一生懸命やっていくので乗り越えやすくなる。しかしこの二つの条件が駄目だと子どもはダメージを受け、例えば「荒れ」や不登校、いじめなどが出現する。大人や集団に不信感をもって荒れていく状態がみられる。これは清瀬市など他の東京のベッドタウンの統廃合にもみられます。学校統廃合はよほど丁寧にやらないと子どもが荒れ、子どもにも保護者にもダメージを与えてしまうのです。

これは保育の民間委託問題でもまったく同じことで、企業や民間法人に委託されることで保育内容が一八〇度変わり、さらに保育士が全部入れ替わることで子どもは継続的・安定的な人間関係を断ち切られて大きなダメージを受ける。しかし、どれだけダメージを受けているか言葉を発しない幼い子どもに聞くことができないのです。私はその検証作業も合わせて保育の民間委託反対運動に取り組まざるをえなくなっています。

地域の教育力　選択制の見直し

さらに問題なのは地域の教育力が非常に低下して、特に思春期の子どもが困難を乗り越えていくことができないことです。かつてなら、例えば東京の足立区で、教師を中心に親や地域住民が寄ってたかって問題を抱えた子どもに関わっていく、金八先生のような取り組みができたのに、できなくなっている。地域の教育力が分断されて子どもたちが思春期の混乱を乗り越えられない。逆に選択制で学区を越えた広域不良少年団のようなものが結成されて抗争を繰り返すようなことが起きる。選択制が導入されて期間が長いところでは地域の教育力が低下して荒れが広まっているようです。それをどうやって克服していくか、地域の力を高めるか、ということで特に選択制の見直しのきざしが二〇〇八年の夏頃から始まっています。

有名なのは東京の江東区の選択制の見直しです。二〇〇二年に江東区は学校選択制を導入しました。ここは昔からの伝統のある地域で町会と小学校の学区が重なっているところが多く、町会の活動も盛んです。祭りへの参加であるとか、運動会、クリスマス会、餅つき、屋形船に乗る懇親会とか、町会の子ども行事が年にいくつもある、昔からの伝統が蓄積されている地域です。選択制は江東区にはそぐわないと保守層の町会長さんたちが強く反発したものです。選択制で小規模校がさらに小規模化し、このままでは伝統的な小規模校が消えてしまうからせめて小学校の選択制はやめてほしいと新区長に訴えた結果、二〇〇八年の九月から原則学区制、選択する場合も徒歩で登校できる範囲とすると規定が変わり、見直しが始まりました。

これは保守層を含めた地域の学校を守る運動と考えていただいてよいと思います。新宿区の統廃合に反対する運動も、似たように保守層が伝統的な地域の学校を守ろうとする特徴があります。たとえ町会の人は町会のことしか考えなかったとしても、あまり全体的なことを考えなくても自分のところのことを考えていれば、子どもは守れるというのもよくわかります。

文京区でも大規模な統廃合計画が凍結されました。小学校一一校、中学校八校対象の大きな統廃合計画で、いくつかの公園などもつぶす都市計画のプランでもあったのです。保育の民間委託に反対した保護者の運動が核になって、そのまま小学校の統廃合に反対する運動にシフトしたと言えます。保育や学童の質が高く学校も良いという地域の子育てのインフラが整っている区であり、それを守ろうという運動があって、さらに住民の公園を守る運動や広い層の運動があって、区職労の運動がつながった。区長選挙で勝てなかったけど統廃合凍結に結びついていく。ここは専門性を生かして反対運動を闘えるような研究者の保護者が何人もいるような階層の地域だったことが特徴的です。したがって地域の子どもの八五％が通う小学校の統廃合反対には積極的でしたが、半数近くが私立に進学するため公立中学校を守る運動としてはやや弱いのかもしれません。

それ以外にも、〇八年度から多くの自治体で選択制の批判的な検証が始まっています。例えば練馬区でも去年の八月に出た検証では、学校と地域の関係が薄れる、保護者の学校参加が弱くなる、入学者数が決まらないため教員編成が組みにくいとか、アンケートをとるとデメリットがたくさん出ています。全体的に見直しの動きがある中で品川区だけは別です。去年、品川区教育委員会は、選択制を入れたら学校格差が拡大してしまった、小規模校と大規模校に拡大してしまった、これは問題だ、と。問題なら選択制をやめればいいのに、やめないで統廃合して格差をなくそうという報告書を出しています。選択制を見直さない稀有なケースだと思いました。

東京の統廃合反対運動

最後に東京の統廃合反対運動はあまりうまくいってないと思うのです。教職員に対する管理が強く、教師や教職員組合が統廃合反対運動に積極的に出てくることがあまりありません。

佐賀県唐津市は市町村合併で小学校統廃合問題がもちあがり反対運動をしているところですが、教職員組合の教師たちが運動をリードしているのが特徴的です。統廃合対象校の保護者や住民のネットワークづくりを教師たちがしようとしている。聞いてみると、市町村合併に教職員組合が反対していて、市職と教職員組合の関係がよく、町づくりのプランづくりに教職員組合も参加している。仙台市も大規模統廃合の計画見直しに成功したケースですが、おもてには出ていないのですが、ここも運動に教職員組合がからんでいるように思いました。たくさんの小中学校が統廃合の対象にされて、小規模校から反対運動が出てきたのを、市民の会がネットワーク化して、町会長もPTA会長も学識経験者も教師も、連帯のアピールを出せる条件をつくっている。希有な例でしょうけど、各層を含めた運動を組めると小中学校の統廃合は阻止できるという典型的な例なのです。

東京では保護者が慣れない運動をがんばって、疲れて途中であきらめてしまうケースが多いと思うので、各層の運動を繋げていくことが必要だと思います。ただ東京の場合はあまりに教職員に対する管理が厳しく、例えば、東久留米の学校統廃合では教師が陰ながら運動を支えましたが、ある学校では阻止した後、ほとんどの教職員が強制的に異動になったり、新しい管理職にいじめられて退職された方もいるということで、反対するとひどい状態になるという典型的なケースでした。しかし、統廃合は保護者と教師と地域住民の足並みが揃うと阻止できる運動なので、一つの市民運動として可能性があると思います。

地域住民と教職員の共同の展望

学校統廃合は保護者と地域住民と教職員が共同できれば阻止できるといいましたが、二〇〇三年頃の東久留米の小学校で阻止できたケースが典型的でした。八〇年代からの子育て・教育運動と、福祉や教育の壁を超えた市民のネットワークが蓄積されていて阻止できたのです。その学校を行政が、二年後に統廃合する予定ですが、二年後を待たずに他の学校を自由に選んでいいですよ、と持ちかけたところ、四年生以下の在校生の保護者の多くが転校措置をとって、それまで百人程度いた児童が、一年生二人、二年生一〇人、三年生一人、四年生二人、五、六年生が約二〇人ずつ程度になり、結局廃校条例が速やかに可決されてしまいました。二年後に廃校すると言われれば自分の子どものことが心配になり、行政の宣伝で不安な気持ちが広がって個々の親たちが分断され、かつての共同がくずされてしまったのではないかと思いました。あるいは、保護者の意識がかわっていたのかもしれません。

学校統廃合問題では、子どもの発育と成長にとって地域の持つ価値も検証しなければいけません。早い段階から地域から切り離された子どもは、田中孝彦氏の言葉を借りると、デラシネ（根無し草）の状態で、感情的に不安定感をかかえて成長していく、子どもにとっての原風景が失われる。子どもはある段階まで地域の身近な人間関係、家族的な関係の中で成長して、あるところでグローバルな世界に出ていく。そういうあるべき成長にとっての地域の役割をきちんと整備していくことが大事なのではないかと思います。

不登校は一時期頭打ちになりましたが、またこの数年間増えてきていて、子どもの自殺も増えている。子どもの問題行動がいまの改革のもとでどうして生みだされているのか、この点もきちんと明らかにしていくことが重要だと思います。新自由主義改革は教育と子どもの成長・発達との関係を考慮していないので、一番弱いところのダメージが大きい。しかもトップダウンで、評価から入ってくる。行政による評価を恐れるあまり学校管理職や教師が現実を直視しなくなっている。例えば統廃合で荒れていても校長は家庭や教師の問題にして、全体的な対策をとらないケースがある。いじめもいじめとして認識されず、検証されない。改革によって子どもがダメージを受けていることを検証して対策を考えていかなければいけない。また、都立高校では特色づくりとか重点校とか二〇〇三年頃に改革が集中して行われ、その頃から子どもの問題行動が増えて、中学校まで下りてきている。そういうネガティブな面もきちんと検証していかなければいけない。さらに例えば、選択制を導入していない世田谷区では不登校は比較的少ない。そういう点も検証していかなければいけないと思います。

III

新自由主義教育改革のメニュー

第8章　東京都に見る新自由主義教育改革の実態

1　四七年教育基本法の真の価値

教育基本法をめぐる二〇〇六年秋の国会論戦で、「改悪」のねらいである新しい「学力テスト体制」への移行、すなわち新自由主義教育改革への批判に、野党の論点が焦点化されていったことは特筆すべきであろう。残念ながら、そのような論点は、タウンミーティングにおけるやらせ問題や未履修問題の陰に隠れて一般報道されにくく、特に参議院の審議の様子が報道されることが極端に少なかった。しかし、春の国会における論議が教育基本法押し付け論や教育勅語の賛美などに多くの時間を割いたのとは全く異なった、新自由主義教育改革批判へと劇的に論点がシフトしたのであった。

安倍首相（当時）が、比較的正直に、イギリスのサッチャー政権の教育改革をモデルにすると述べたことはその一因であろう。現在、サッチャーの新自由主義教育改革を引き継ぎ、さらにバージョンアップしたブレアの「学力テスト体制」に対して、イギリスの教職員や国民による批判が高まっており、分権化が進むウェールズでは学力テスト廃止が決定されていることなどは、野党からの批判点として挙がっていた。

もう一方で、春からの審議期間中を通じて、日本教育法学会教育基本法研究特別委員会に代表されるような法学、教育学研究者グループによる国会議員への論点の提示が、院内集会やシンポジウムを通して積極的に行われていたことの影響も大きいと思われる。「教育の国家統制法」と位置づけた政府案は、前文、第一条、第二条、第一〇条の「教育の自由」を削除し、教育の内容統制という新自由主義的な「改革」目的を持つものであるという分析（日本教育法学会教育基本法研究特別委員会編『憲法改正の途をひらく教育の国家統制法――教育基本法改正政府案と民主党案の逐条批判――』二〇〇六年一〇月、母と子社、参照）は、国会審議後半の基調をなしたものとなった。

他方で、これは自戒も含めて述べるのであるが、教育内容統制が行われた場合に教育現場や子どもたちはどうなるのか、といった教育学固有の課題について、教育学に携わるものが実証的なデータを集めて検証し、国民にわかりやすい内在的な批判を訴えたか、という点については反省点が多いように思う。

採決直前の審議最終盤に開催された、教育学研究者が集まる「教育学関連一八学会共同公開シンポジウム――教育基本法を考える」（二〇〇六年一二月三日）において、教育思想・臨床教育学を専門とする田中孝彦氏が「今、子どもの発達に関わる専門職たちが教育基本法第二条（一九四七年法）に着目し始めている」と報告したのは印象的であった。第二条は「自他の敬愛と協力」すなわち「教えられるものと教えるものの尊敬と共同」の関係こそが、第一条で掲げられた「人格の完成」を可能にする、というものである。普遍的な人間をめざす全面的な発達は、教師と子どもの人格的なふれあいのなかでこそ可能なのである。そして、実際に困難を抱えた子どもたちに向かい合うさまざまな専門職たちが、従来、社会教育関係者以外からはあまり着目されてこなかった第二条の価値に気づき、初めて依拠するようになった矢先、「改悪」によってこの条文は全面削除されてしまったのである。

このことは一面では、これまで、教育基本法の真の価値を、十分に国民に浸透しきれてこなかったことを物語っているのであろう。しかし、別の見方をすれば、子どもたちや大人たちを取り巻く状況が極限まで厳しくなり、また教育基本法を守ろうとする国民的なたたかいのなかで、初めてその価値が見直され、最後の最後に「法に命が吹き込まれた」といえるのかもしれない。

いずれにせよ、マスコミは子どもたちに影響が出てくるのはずっと先、と的外れなことを言っているが、すでに教育基本法「改悪」の先取り的な「改革」により、子どもたちや学校現場が実際にダメージを受けている事態は、東京都などでは顕著なのである。以下、新自由主義教育改革によりどのようなことが起きているのか、概観してみたいと思う。

2　東京の新自由主義的教育改革

教育基本法「改悪」を先取りした新東京ビジョン

東京都教育庁が二〇〇一年に全面改訂した「教育目標」と「教育方針」は、すでに「権威主義教育、新しいタイプのエリート養成教育、教育への民間企業型経営手法の導入」といったその後の方向性を明確にし、「憲法・教育基本法の改悪と子どもの権利条約の軽視を先取りしたもの」であったと政治学者の進藤兵は述べている。二〇〇四年四月の「東京都教育ビジョン」は、新自由主義的なNPM（New Public Management「新しい行政経営」と称される）型改革の方向性と、大国主義的イデオロギーの保守主義的な傾向を明確に打ち出したものであった。NPMとは、公共部門への民間企業型経営手法の導入をさす。小さくなった行政は、従来の官僚制の論理ではなく企業の論理、すなわち「評価」と財源配分による支配によって経営されることになるのである。

直前の二〇〇三年に、教職員に学校行事における「国旗」敬礼・「国歌」斉唱を詳細に義務付けた「一〇・二三通達」が出され、同時期に、障害児が社会の中で身を守る知識として切実に必要とされた性の知識を、生きていく上での人間関係のあり方を学ぶという視点でおこなっていた七生養護学校の性教育に対する教員処分事件が起こっている。これらの、一見すると超保守主義的な都教育庁による強行は、東京都における従来の学校自治的な関係を壊し、NPM型改革への移行を暴力的に促すものとして用いられたと思われる。

NPM型経営のもとでは、教育長は都知事の命を受けた民間企業の経営責任者であり、支店長である校長のもと、従業員である教職員に会社の方針は貫徹しなければならないのである。子ども、保護者はあくまで消費者、サービスの顧客であるため、「消費行動」として学校選択もするし、教員も「評価」される対象となるのである。教職員、子ども、父母が学校の構成員として、権力から自由な空間を作り出す、すなわち学校自治的な関係といったことは考えられない。国家が末端の教育実践における教育内容統制を視野に入れて「改革」を行おうとするとき、まず学校自治的な関係は最大の障害となるのである。その関係を解除するために、まず保護者にとって「自由」を拡大する「甘口」な改革である学校選択制などが率先的に採用されてきた。

学校選択と学校統廃合がリンクする

財界や政府系審議会のたびたびの導入要請にもかかわらず、学校選択制は首都圏に限られている。二〇〇〇年の品川区の導入以降、二三区では一九区が学校選択制を導入し、それらの多くが同時期に学校統廃合につながる適正規模・適正配置計画を進めてきた。また、結果公表を伴う自治体の学力テストも区で導入された（表1・2、表3・5A、表3・5B参照）。

東京で学校選択制が普及した理由として、通学可能な範囲に複数の学校が存在し、さらに空き教室があること、私立学校への進学が一般的であり、公立学校間の〝越境入学〟も伝統的に存在するために、学校を「選択」するという行動を保護者が受け入れやすいこと、などが挙げられる。しかしそれ以上に、東京都では産業構造の転換が最も迅速に進み、新しいグローバリズムに対応した「人材」養成のインセンティブが高いために、公教育の序列的再編、および従来の学校自治的な関係の解除が率先して行われているという点も否めない。また、各区や市の「改革」の足並みがそろっているのは、二〇〇二年に結成された「義務教育改革に関わる都と区市町村の連絡協議会」が基本方針として「学校の適正配置・適正規模の検討」を基本方針の一つに掲げてきたことにもよる。

日本における学校選択制は、アメリカの一部に見られるような入学規制を伴う選択制ではなく、小規模校は一層小規模化し人気校に生徒が集中するという制度的な欠点を持つ。また、地域単位のスポーツクラブが発達していないため、中学校の運動部の有無は、選択行動の大きな要因となっている。中学校が小規模化し教員定数が減らされたために特定の運動部が消滅し、劇的に生徒数が減少し統廃合につながるケースは広く見られる。また、学校の公的な情報提供ではなく、「あの学校は荒れている」「将来統廃合される」といった風評などで選択行動が規制される傾向も強い。

さらに、学校選択制の導入と前後して、学校の「適正規模」および「最低基準」が多くの自治体で、審議会などの審議を経て設定されている。「適正規模」は、学校教育法施行規則第一七条等にもとづき多くの場合「一二〜一八学級」に設定されている。しかしそれは、戦後初期〝昭和の大合併〟を誘導するために、行政効率性から人口八〇〇〇人に一中学校、という基準で算定された標準学級数であり教育学的な根拠はない。それが、今日において「子どもには競争的な関係が必要」「大人数でないと社会性が育たない」といった新自由主義的イデオロギーに基づいた〝俗説〟により、小規模校を統廃合していくイデオロギーとして利用されているのである。学校選択制を導入することによって、小規模校が「最低基準」を割り、そのまま統廃合対象にされる事態が多く出現している。

学校選択制導入時（二〇〇三年）の荒川区の小学校、その後の文京区、品川区の中学校などで入学者ゼロの学校が出現した。これらは、いずれも一ケタ台の入学希望者がいたにもかかわらず、教育委員会による保護者への「説明」と称した希望校の変更誘導が強力に行われたものであり、言わば作られた〝入学者ゼロ〟である。「説明責任」を果たしているのだ、とうそぶく、教育委員会のそのような行動は都内の多くの自治体で見られる。そのような場合、地域の小規模校を選択する、という「自由」が保護者には認められているわけではないのである。

階層、学力テスト「結果」がリンクして不平等な公教育へ——足立区

東京都で最も早く、一九九六年から「通学区域の弾力化」という形で、実質的な学校選択制を導入している足立区では、すでに学校選択制での人気集中校が固定化し、さらにそれと学力テス

トの結果および階層とがリンクしている事態が生まれている。同区では、学力テスト「結果」の全学校の点数公表を〇四年度から行っている。また東京都一斉学力テストにおいて、足立区は当初二三区で最下位であったため、教育委員会により強力な「学力向上」施策が行われてきた。

二〇〇六年度の足立区の中学校三七校のうち、学力テスト「結果」の上位六校、および第一二位、第一五位の全八校に希望者が集中したため、学校選択制の抽選が行われている。また、抽選でも一校に希望者三〇〇名以上といった極端な人数が集中するのが同区の特徴である。他方で、テストが一六位以下の学校では抽選が行われるところはなく、外から選択されることがほとんどない学校となっている。

学力テスト上位校は、交通の便のよい鉄道沿線に位置する、古くからあるいわゆる〝ブランド校〟もしくは統廃合による条件整備の整った新設校である。一方、下位は鉄道沿線から遠くバスを利用する都営住宅など、ひとり親家庭といった生活困難層が多い学校である。足立区の就学援助率は平均して四〇％を超えるが、テスト「結果」が中位から下位に就学援助率五〇％以上の学校が集中している。義務教育段階であるにもかかわらず、足立区の中学校は、地域によって、固定化された〝エリート校〟と、生活困難層のための選択されない学校にはっきりと二分される。

さらに、二〇〇五年度から足立区教育委員会は「特色ある学校づくり」の一貫として、学校に予算見積書を提出させて、各学校の「がんばり度」を判断して予算を差別的に配分する方針を採用している。その際、学力テストなどの結果から、全学校をA～Dレベルにランク分けする方針を公表したものの、これについては区民などから批判が多く撤回することになった。しかしテスト結果を予算配分に反映させることについては撤回しておらず、さらに従来の学校規模に応じた基礎的な各校への予算配分は削減傾向にある。

学力テストの「結果」公表、「結果」に応じた保護者の学校選択、及び「結果」に応じた財源配分という「ペナルティ」によって、英米におけるような新自由主義教育改革の基本的な制度のパーツは出揃うことになる。さらに、今年度からの「全国一斉学力テスト」と安倍首相（当時）が推奨する完全なバウチャー制度（入学生徒一人当たり教育費配分システム）、そして、アメリカのＮＣＬＢ法（二〇〇一年、「一人の子ども落ちこぼさない法律」、学力テスト年次の達成率をクリアしないと連邦からの学校への補助金が出ない）に代表的なテスト結果に応じた財源配分システムで「改革」は貫徹するのである。

子どもにとって「学力テスト」に焦点化された学校へ

そのような学力テスト体制は子どもたちに何をもたらすのか。足立区の学校では、学力テスト「結果」を重視するために、一部の学校では事前に同様の内容の模擬試験が繰り返しおこなわれ、あるいは、学校行事や特別活動の削減などが見られるようになっている。学力テスト「結果」が学校の評価基準として一人歩きする事態に不正行為がつきものであることは、六〇年代学テの結果からも明らかである。

また「改悪」教育基本法第一七条に掲げられた教育振興基本計画の、地域における先取りとも言える「足立区教育基本計画」が、二〇〇六年六月に公表された。これは四ヵ年計画で、「人間力の育成につながる学力向上」を目標に掲げ、具体的な「学力向上」施策を例示したものである。〝人間力〟とは文科省で数年前から研究プロジェクトに掲げられたタームである。学校レベルに一定の権限を委譲する（テストと財源で統制すればよいので）新自由主義的な「自主自律型の学校運営」が求められ、労務管理をモデルとしたＰＤＣＡ（計画、実践、評価、改善）システムの導入、外部評価の活用などが掲げられる。そこには、家庭、地域のみならずＮＰＯ法人や民間の協力によって学校をめぐる地域を保守的に再編していくシステムが描かれている。足立区の子どもたちの実態や学校や教師の抱える問題とは全く関係なく、トップダウンで下ろされたものであると、足立区の児玉洋介教諭は述べている。教育委員会すら影響力は薄く、区の一般行政、さらには中央の政策レベルでの決定事項がそのまま現場におろされている感を持つという。

実際に子どもたちが抱える問題とは無関係に学校運営の方針が決定され、「学力テスト」に焦点づけられ、学校生活は味気ないものになっていく。また、階層格差が拡大するなかで、「せめて都立高校に進学していく力をつけてほしい」といった多くの保護者の率直な要求が、必ずしも学校教育に反映されているわけではないのである。

さらに、学校選択制により、従来の学区以外の学校へ入学した中学生への生活指導に対して教職員や地域の目が行き届きにくくなり、学区を越えたつながりもできるため、大規模な少年非行グループが形成されているという。従来であれば、地域で問題を起こした子ども、青年に対し、教職員、保護者、地域住民が関わりを持ちながら問題行動を正していく伝統があった地域なのであるが、そのようなことがおこなわれず、代わりにすぐ警察が登場し子どもたちが処分の対象として扱われる傾向が強まっているという。

「教育特区」による国策を率先した教育

同様に都内で新自由主義的改革が先行している品川区では、二〇〇六年度から小中一貫教育の新しいカリキュラムを全小中学校に導入している。同区は、二〇〇〇年に学校選択制を導入、〇三年度に「小中一貫特区」に認定され、〇六年度に初めての施設一体型小中一貫校である「日野学園」を開校している。

当初、学校選択制導入時に「学校統廃合をおこなわない」と教育長が言質をとられたため、これまで品川区では学校選択制によって小規模化した学校も統廃合されることはなかった。ただし、今後も五校の建築が予定されている施設一体型の小中一貫校は、二校を一校の敷地に合併し校舎を新築するという形で実質的な統廃合であるとも言える。実際、品川区内で、保護者、地域住民が「改革」に対して起こした最大の反対運動は、旧日野中学のＰＴＡによる校舎移転反対運動であった。また、二〇〇六年に新入生ゼロの中学が出現したため、「地域からの要望」もあり〇七年度に統廃合が決定している。

工事費約九〇億円をかけて大崎駅前の再開発地域の新築ビルとして開校された日野学園は、他校が区を四分したブロック内から選択されるのに対し全区内からの選択が認められ、教員の異動年数の延長など特例が認められるなど、特別ないわゆる〝エリート校〟と位置づけられることが予想され、二〇〇六年の選択希望では人気校となっている。また、校舎建築を含む再開発事業および校地跡地の売買には、区と関係を持つ大手不動産企業、建設業が関与していると言われる。

東京都の中心部の区の再開発事業が、学校統廃合計画に深く関与している例は、文京区の大規模統廃合（小学校二〇校を一三校に、中学校一一校を八校に、という大規模統廃合計画で保護者、住民の反対運動が起きている）などにも見られるケースである。子どもたちの学習環境のためではなく、自治体の不動産売買による利益や経済的負担を軽減するための統廃合が、新自由主義的改革にかこつけておこなわれようとしているのである。

小中一貫教育は、小中教育のスムーズな接続、それによる不登校の減少などを表向きの理由に挙げながら、従来の「六・三制」の教育内容を「四・三・二制」にし、実質前倒しした高校受験対応のものであると思われる。「六年生までの漢字が五年までにつめられたことにより、一、二年のときは漢字が大好きだった子どもが三年になって余裕のない学習量に漢字嫌いになった」「小五からのステップアップ学習（個に応じた学習）により、成績が悪かった中学一年生が五年生と一緒に学ばされ傷ついている」といった保護者の声に見られるように、カリキュラムが必ずしも子どもの学習面や心理面での発達段階にあったものになっていないことが懸念されている。

また、小中一貫カリキュラムのなかで、特別活動、総合的な学習の時間を再編して鳴り物入りで作られた「市民科」は、決められた徳目などの内容を「スキルトレーニング」と称して「教え込む」授業になりがちである危険性を品川区の小学校教師は指摘している。「市民科のカリキュラムを子どもたちの実態や生活から出てくる問題に対応させようとしても、うまくいかない」というのである。このような小中一貫カリキュラムの結果について何の検証もなしに、他の自治体が品川区をモデルとすることは、子どもたちにダメージを与える危険が大きいと思われる。

また、小中一貫教育には、この間、文科省の教育課程審議会が推奨してきた「小学校英語教育」も含まれる。全国の「教育特区」の中で最も件数が多いのが小学校英語に関わる教育特区であるが、多くの自治体でおこなわれているのと同様に、品川区でも年間三五時間の英語科の半分は民間企業（品川区の場合はＮＯＶＡ）に委託されている。全時間が企業に丸投げされている自治体もあり、ベネッセに代表される学力テストと同様に、民間企業の市場が大きく拡大される領域になっている。民間企業側と教師との共同が困難だといった問題点も指摘され、トータルな学習を保障されない子どもたちへの影響が懸念される。

ＮＰＭ型改革としての学校二学期制

東京都では、足立区、江東区、葛飾区などにおいて「改革」の一環として「学校二学期制」が導入され、さらに他の自治体も導入しつつある（表１・２参照）。学校二学期制は、二〇〇二年の改訂学習指導要領施行時に、中央教育審議会で提示された「完全学校五日制に伴う授業時数の確保」などを目的に、文科省からの出向教育長により仙台市で初めて導入され、その後、他の自治体にも拡大されていったものである。足立区などでは、区教育委員会による「学力テスト」対策として、教員による夏休みの補習の実施や休み期間短縮などを伴っておこなわれている。

しかしながら、導入した多くのケースを見ると、学校二学期制は、第一に、暑くなったら通知表をもらって休みといった日本の四季に沿った子どもの生活リズムに合わない、第二に、保護者や地域に根づいている学校行事などの教育課程を一から見直さなければならない、第三に、むしろ教師の多忙化を招く、といった問題点をもった制度である。そのような点からも、学校現場や子どもたちの現実から、学校側が率先して従来の三学期制を二学期制に変更していきたいと要望することはありえない。授業時数の確保というよりも、教育課程に関して教育行政がトップダウンで決定したことを学校及び教職員は忠実に守るべき、というＮＰＭ型への教員意識の「改革」のためにこそおこなわれるといえよう。

練馬区では、二〇〇三年に学校管理規則を改正し、各学校が二学期制をも選択できるようにし、三校が試行校として二学期制を取り入れた。その背景には、教育長および東京都教育庁から出向した指導課長の強い意向があったといわれる。しかし二年間の試行を経ても、試行校のアンケート結果は明確な成果を示すものではなく、新たに導入を希望する学校は増えなかった。それに対し、〇六年、教育長らは率先してすべての学校への学校二学期制一律導入を教育委員会において決定してしまった。突然の決定に対しての学校側の困惑に対して、教育長は「熱意のない校長はわが区で要らない」と宣言した。保護者による導入反対の陳情も教育委員会でことごとく不採択とされた。子どもにダメージが及ぶことを苦慮したいくつかの学校では、従来のカリキュラムをほとんど変えることなく、二学期制に対応した部分を教職員の負担を増やすことで切り抜け、子どもや保護者への負担をできるだけ回避するスタンスを取った。

もちろんすべての場合そうとはいえないが、トップダウンで降りてくる子どもの実態を無視したさまざまな「改革」に対して、子どもと直接向き合う教職員は、ぎりぎりのところで子どもの発達保障をしようとしているのである。

おわりに
——新自由主義教育改革からは普遍的な人間は生まれない——

このように、新自由主義教育改革の最大の障害は、地域の学校を核にした教職員と子ども、父母、地域住民の共同的な関係であり、そのような関係を壊すためにさまざまな「改革」がおこなわれている。

しかし、地域や日常の生活に根ざしたトータルな環境の中で、教職員や地域のさまざまな人々との人格的なふれあいの中でこそ子どもの人格形成は行われるのであって、支店の従業員として対応する「教師と似て非なるもの」による断片的な徳目の注入や学力テストによる脅迫では、おそらく子どもの人格形成は不可能なのである。「エリート」をめざしながら真の教養を得ることができず、人格が未熟なまま成長していった青年たち、オウムに入信した理系エリートやホリエモンを私たちは知っている。今の新自由主義教育改革はその轍を踏んでしまうのかもしれない。

ＰＩＳＡの国際学力調査の好成績で有名となったフィンランドの子どもたちは、「地域に深く根ざしながら誰もが平等な教育を受け、グローバルな視点をも併せ持っ」ていた。学力テストを廃止したウェールズでは、地域の平等な学校であるコンプリヘンシブ・スクールを大切にし、テスト「結果」の代わりに、青年たちに職業準備教育と、世界のどこでも就職していけるように「資格」を準備していた。そのような、めざすべき方向は別にあるであろう。従来、日本の公教育制度は、平等性と子どもへの視座に満ちたものであったのだから。

第9章　日本型「教育バウチャー制度」とは何か

1　教育バウチャー制度とは

　教育バウチャー制度については、安倍首相（当時）が推奨し、伊吹文科大臣（当時）も「バウチャー制度は抗がん剤」と発言し、あるいは、「教育バウチャーを導入すれば、学校にイジメも不適格教員もなくなる」といった極端な議論も展開するなど、教育改革の「決め手」であるかのように語られている。

　バウチャー推進派は、保護者から選ばれないと教育費が削減されるために、各学校や教師は最大限のサービスに努めるようになると言う。そして、国民にアピールするためなのか「保護者に教育クーポンを配布して、公立も私立も自由に選べるようになる」「自由競争によって私立も公立も質が高まる」とも主張しているのである。

　規制改革・民間開放推進会議や日本経団連がこの間強力に主唱しているバウチャー制度は、学校選択制とリンクした「児童生徒数に応じた教育費配分制度」ととらえると最もわかりやすい。規制改革・民間開放推進会議は、「教育の質の向上に向けた各学校の改善努力を一層促すとともに、学習者に対して公平かつ多様な教育機会を提供するため、①自ら望む教育を受けたいという学習者の権利として学校を選択できる機会を確保するとともに、②各学校を選択した児童生徒数に応じて予算を配分する必要がある」と述べている。

規制改革・民間開放推進会議の新自由主義教育改革のフレームを踏襲する教育再生会議は、その第一次報告では、バウチャー制度の提案を見送った。しかし、第二次報告に向けた二〇〇七年四月の議論には、小野元之委員と白石真澄委員による議論の「たたき台」として、バウチャー制度の導入とその結果による学校統廃合が示唆されている。すなわち、「成果に基づいたメリハリある予算とフォローアップ体制の確立」というタイトルのもとに、「教育の質の高い学校や、児童生徒が多く集まる学校に予算配分で優遇する」、さらに「小中学校の適正配置と学校統合の推進→公教育の高コスト構造の見直し」といった基本方針が挙げられているのである。すでに、第一次報告で提案された「全国学力テストの実施」「学校選択制の普及」「学校評価」「教員評価」「不適格教員の排除」に続き、「バウチャー制度」がそろうことにより、「新学力テスト体制」ともいえる新自由主義的教育改革の各制度のパーツが出揃うことになる。

しかし、政府内部におけるバウチャー制度についての議論は、そもそもバウチャー制度とは何なのか、という問いに対する答が混乱しているようである。アメリカや西欧諸国におけるバウチャー制度やそのメリットが紹介されることが多いのだが、諸外国におけるバウチャー制度の理念やその内容は、政府が提唱しようとしているそれとは大きく異なっているのである。諸外国で展開している目的と内容を異にするバウチャー制度が「教育効果を上げている」からと言って、日本で導入しようとしているそれが同じ効果を挙げるとは言えないはずである。まず、狭義のバウチャー制度、アメリカにおけるそれは本来どのようなものなのか、確認してみたい。

2　アメリカにおけるバウチャー制度の特徴

アメリカにおけるバウチャー制度は、学校選択制の手法の一つとなっている。すなわち、公教育の民間委託であるチャーター・スクール、特色をもつ公立校を選択できるマグネット・スクール、学区全体の学校の自由選択制などと並ぶ制度で、それらの中では、利用者の人数が最も少ないものである。

二〇〇一年段階で、学校選択制の一つであるチャーター・スクールの利用者は、全米で約五〇〇万人であったのに対し、バウチャー制度の利用者は六万五〇〇〇人に過ぎなかった。さらに二〇〇五年には、全米で三つの学区（ウィスコンシン州ミルウォーキー市とオハイオ州クリーブランド市、ワシントンＤＣ）およびフロリダ州など三州の一部地域で実施されているに過ぎず、その利用者は四万五〇〇〇人に減少しているのである。そのうち、バーモント州とメイン州の制度は、古くからある、公立学校が遠隔な地域の私立学校入学者に、公立への代替として補助金を出すものであり、いわゆる新自由主義教育改革のものとは異なっている。

バウチャー制度は、いわゆるホワイト・フライト（裕福な白人層の郊外への流出）が起きた都市中心部の貧困層対策として発展してきたものである。大都市に流入した大量の移民などが、公立学校からドロップアウトしてしまうのを阻止するために、私立学校を選択肢として利用するという都市貧困層向け対策であった。「学校教育水準が比較的高い州の中で、教育環境が劣っている一部地域があるという環境を、底上げする方法の一つ[1]」とも説明される。

他方で、やむをえない理由により、私立学校に子どもを通わせる保護者が、教育税を納付しているにもかかわらず、それが公教育費として還元されないことを不服として起こした公的資金還元運動にも由来している。特に貧しいカトリック系ヒスパニック移民などが、宗教的な理由から子どもをカトリック系の私立学校に入学させる傾向が強いという事情が、その背景にはある。全米の私立学校の約七〇％はそのような宗派立学校なのである。

しかし、その特徴は、同時に連邦憲法修正第一条の政教分離原則に抵触することにもなる。日本と異なり、宗教的な私立学校への公費の支出が厳しく制限されるアメリカにおいては、そのような学校への間接的な公費支出にあたるバウチャー制度は憲法違反ではないか、といった批判が一貫してあった。そのような理由から、州民投票でバウチャー制度導入が否決されたケースや、あるいは、その合憲性を問う裁判もこれまでに複数起きており、制度としてはそれほど普及してこなかったのである。日本の場合は、政教分離原則がアメリカほど厳格に適応されず、宗教立学校への私学助成の是非についてもあいまいではあるが、もしもバウチャー制度が私学全般に適用されるような場合には、今後そのような問題が浮上するであろう。

また、このようなアメリカの例や、典型的な新自由主義的政策として有名なチリのバウチャー制度（私立の中でも非エリート校のみクーポンの対象とするもの）などは、あくまで中心は貧困層対策であり、階層に関係なく「私立・公立問わずに教育クーポン配布」を行う制度ではないことに注意しなければならない(2)。

他に、ヨーロッパ諸国については、規制改革・民間開放推進会議のワーキンググループは、「学校選択制が機能するため、欧州の教育先進国では、学校への予算配分は生徒一人当たり定額を人数比に応じて支給する方式（教育バウチャー制度）が一般的である」と最初に結論づけている。しかし、例示されているのは、スウェーデン、オランダ、イギリスのみである。

3　日本型「バウチャー制度」

根拠とされる内閣府アンケートの問題性

規制改革・民間開放推進会議は、内閣府の「学校制度に関する保護者アンケート（二〇〇五年）」結果を引いて、「児童生徒数を基準とする予算配分方式について、回答者の五割近くが賛成し、反対は一割強にとどまった」ことを「教育バウチャー制度」推進の根拠としてあげている。しかし、アンケート結果を見ると、実態はやや異なっている。アンケートの設問は、「現在の教育予算は教員数、施設等を基準として、最終的に教育機関に配布されています。これを公立学校について学校選択制を導入したうえで、児童、生徒一人当たりの基準額を決め、児童・生徒の人数に基づいて教育予算を配布する制度に改めようとする意見があります。公立学校も私立学校も同じ基準で予算を配布する制度です。この考え方についてどのように思いますか。（一つだけ）」というものである。その問いに対して、「賛成」が一四・五％、「どちらかといえば賛成」が三二・一％、「どちらともいえない」が四二・六％、「どちらかといえば反対」が八・三％、「反対」が二・四％という結果になっている。

この結果から、推進会議の報告は、保護者のうち「賛成が反対の五倍」という結果を導き出しているのであるが、実際には約半数は「どちらともいえない」と答えている。これは、この設問だけからは、多くの保護者が具体的な制度イメージを導き出すことが困難だったからであると推測される。学校予算や教育費の配分について、現行制度の理解がないとこの設問には答えにくい。

現に「賛成」とした人の選んだ「理由」は、「所得格差に関わらず児童・生徒、保護者が自由に学校を選択することができるようになる」が六二・三％で最も多く、「公立間ないしは公私立間での学校間の競争が促進され学校の質が向上する」が五八・四％でそれに続く。賛成する保護者の多くは、設問の中の「公立学校も私立学校も同じ基準で……」という部分に強くひきつけられているのである。さらに、階層別で見ると、年収五〇〇万円以下の低所得の保護者の過半数は、「どちらともいえない」「どちらかといえば反対」「反対」と消極的な選択をしているのに対し、年収五〇〇万円以上の保護者が「賛成」「どちらかといえば賛成」をより多く選んでいるのである。年収一〇〇〇万円以上でその数は最大になる。

すなわち、現実に子どもを私立の小中学校に入学させることを想定できる層、学校を選択することに積極的な層が、この「児童・生徒数にもとづく教育予算制度」に賛成しているのであり、アメリカのように貧困層の教育機会を保障するような制度であるとイメージされているわけではないのである。貧困層自身もこの制度を望んでいるわけではない。

さらに、アンケートでは生徒一人当たり予算制度のデメリットについての質問は、デメリットを十分に説明するものとはなっていないことが特徴となっている。私立学校入学のクーポン券に公費が支出されれば、公立学校に費やされる財源はその分削減される可能性があることは指摘されているのだが、小規模校では入学者が減少することで学校予算が激減し存続が難しくなり、学校統廃合が行われることについては、デメリットとして明記されていないのである。この制度の導入によって、地域の公立学校の教育条件が悪化し、選択行動を取らない貧困層の教育条件がますます悪化する可能性が大きい。現に、「学力テスト」結果を含む、学校の「特色」などに応じた差別的な予算配分が導入されている東京都足立区では、学校に均等に割り振られる基本的な予算がやせ細っていく傾向が生じている。

日本型「バウチャー制度」は何をもたらすのか

日本における「バウチャー制度」の真の意図は以下のようなものであろう。

第一に、教育内容の基準の設定、それに基づいた全国学力テスト、テスト「結果」による「学校評価」「教員評価」、学校選択制に「バウチャー制度」がリンクすることにより、新自由主義的教育改革のパーツが出揃い、国家による統制システムが確立することになる。

各学校は、学校選択で選ばれる学校になり、十分な教育予算を獲得するために、必死で学力テストで高得点を取るために努力しなければならない。国家は、学力テストと資源配分を握ることにより、直接手を下さなくても、各自治体や各学校は「自主的」に競争システムに与していくことになる。十分な入学者が集まらず、教育予算が削減されることは、学校にとって最も有効な「罰」として機能するのである。かくして、「国家が決定した教育内容に関わるスタンダードの達成率に基づく、学校間自治体間の競争の国家による組織を内容とし、エリートと非エリートの早期選別を目的にした、徹底した国家統制の仕組み」が確立するのである。

第二に、経済的に効率性の悪い小規模校を速やかに統廃合し、序列的に公教育制度を整理・再編することができる。現在（二〇〇七年当時）、産業構造の転換の恩恵に浴している首都圏および愛知県周辺を除けば、ほとんどの自治体で人口が減少している。それに対応して、自治体によっては学校統廃合が速やかに行われているが、地域の抵抗が強い場合も多い。学校選択制の導入だけでも、小規模校は選ばれず一層小規模化するのが一般的であるため、行政は手を汚さずに統廃合することが容易になるのであるが、「バウチャー制度」の導入により、それはますますスムーズになる。子どもの数が多いために子どもの間に競争的な関係を形成できる大規模校やいわゆる〝ブランド校〟だけが安定的に存続できることになり、地域の公教育制度は序列的、競争的なものになる。

第三に、教員給与体系の抜本的な見直しを進めることができる。教育再生会議の第二次報告に向けた小野・白石案では「道府県から政令市に教員の給与費負担を移管し、税源委譲による措置を講じるとともに、学級編成、教職員定数、教職員配置についても包括的に委譲することを検討」するとしている。国が人件費の一部を負担することに伴い、全国一律の基準を維持してきた教員定数・給与体系が見直しをはかろうとしているのである。ワーキンググループはスウェーデンのバウチャー制度を紹介する中で「各学校はその中で教職員の給与や地代、設備維持・投資などを、すべてやりくりするのが原則である」という点を強調している。教員定数に応じた一律の予算配分制度が崩れた後で、自治体や学校の「裁量」という形で、年俸制や差別的な給与体系が導入される可能性がある。

第四に、この制度が、公教育サービスにおける新しい市場を拡大させる可能性もある。

「児童・生徒数に基づく教育予算制度」は、アメリカのバウチャー制度よりもむしろ、最も新自由主義的教育改革が先行しているミシガン州で一九九三年に導入されたプロポーザルＡ（典型的な生徒一人当たり教育費配分システム）に近いと思われる。これは、州が、児童・生徒一人当たりの平均教育費を、学校の入学者数に応じて各学区に配分していくシステムである。その場合、民間の主体が運営するチャーター・スクールは一つの学区として機能する。すなわち、公費によって運営される「公立」学校であるにもかかわらず、チャーター・スクールだけには、学区教育委員会を飛び越えて州からダイレクトに、入学者数分の教育予算が支払われるのである。そして総額で得た教育予算を学内でどのように配分するかは、各学校の自由裁量とされる。獲得した公費を企業の利潤に当てることも自由なので、民間教育産業——そのいくつかは全米展開している——が運営するチャーター・スクールがミシガン州で爆発的に発展したのである。現在、同州のチャーター・スクールの七五％以上は、民間企業が運営するものになっている。公立学校とこれらのチャーター・スクールは、「生き残る」ために入学者と予算を奪い合う関係になっているのである。

日本の場合、アメリカと異なって、例えば株式会社立学校が私立学校や公立学校とともに入学者を奪い合うような事態が生ずることはイメージしにくい。いわゆる受験産業は、模試や通信添削という形で学校の外で楽をして稼げるうまみの多い事業を展開しているので、わざわざリスクの多い学校経営を引き受けるとは考えにくいからである。むしろ、民間企業が開発した教員研修プログラムのパッケージをそのまま公立学校が〝購入〟するという形で、公教育の中に新しい市場が生み出されると予想できる。これまで、教員の人件費や学校の施設設備費など、異なった財源から、一定の明確な規制の下に支出されていた公的資金が、生徒当たり予算の総額から、学校レベルで自由に配分されることになるからである。

地方で突破口を作ろうとしている新自由主義勢力

この「バウチャー制度」を、先行的に実現しようとする試みがすでに長野県上田市で出現している。政策研究大学院大学教授福井秀夫氏および政府の規制改革・民間開放推進会議専門委員で教育アナリストの戸田忠雄氏がメンバーである上田市の「二一世紀教育制度研究会（二〇〇六年）」は、教員評価制度、学校選択制度、教育バウチャー制度の実現をめざす改革構想を打ち出している。

上田市は戸田氏の出身地であるため、このような一点突破方式が構想されたのだと考えられる。審議会の議論は両氏がリードし、「それらの制度はすでに国政レベルで導入予定であるので入れないことはありえない。上田市が先行実施し、全国のモデルとなるべき」という趣旨の主張をしている。しかし、中間答申の作成を前に、上田市では、それらの制度に対して教育関係者や市民から疑問が投げかけられ、学習活動と反対運動が起きている。この間の市町村合併によって、上田市はきわめて広域になり、山間部の小規模校も多く存在する。選択制や教育バウチャー制度導入により、教育条件が改善されるとは考えにくい。市民が情報を獲得することによって、このようなトップダウンの「改革」を押しとどめていくことは十分に可能であろう。

(1) 岡元真希子「賛否両論、評価は定まらず――米国バウチャー制度の現状を見る――」『内外教育』二〇〇五年七月二六日、四―五頁。

(2) チリの教育バウチャー制度については、斉藤泰雄「教育バウチャーの効果と限界――南米チリ二五年の経験――」『比較教育学研究』三三号、二〇〇六年、七五頁、参照。

IV

対抗軸はどこに

第10章　ナショナル・テストを廃止し地域の学校を守るウェールズ

近年、学力テストを廃止したイギリス（連合王国）の一地方であるウェールズの教育改革は、新自由主義教育改革に対する対抗軸の一つのあり方であると思われる。

周知のように、サッチャー政権下の一九八八年教育改革法のもとで、全国共通カリキュラム、全国一斉のナショナル・テスト（一九八八年法が定める年齢段階である各キーステージの終わり、七歳、一一歳、一四歳に実施される）、リーグ・テーブル（学校別順位公表——学校ごとのナショナル・テスト結果の公表）、学校選択制、その後の一九九二年、教育水準局（ＯＦＳＴＥＤ）による学校査察の導入といった、一連の新自由主義教育改革が行われてきた。その路線は、労働党のブレア政権でも継承され、さらに学校教育をはじめとする各種公共サービスに企業経営型手法を導入するＮＰＭ型改革の特徴が強化される傾向を見せてきた。イギリス（連合王国）は、歴史的にイングランド、ウェールズ、スコットランド、北アイルランドの四つの地方で構成されており、当然ながら、いずれの地方も、教育の分野ではナショナル・テスト体制に組み込まれてきた。

しかしながら、ブレア首相が公約としていた分権化政策を受けて、一九九九年に地方議会と政府が置かれ自律性を増した、ウェールズ、スコットランド、北アイルランドでは、この「ナショナル・テスト体制」を批判し異なった方向をとる改革が進展しつつある。特に、ウェールズは、二〇〇一年からナショナル・テストを段階的に廃止したことで知られる。以下、その改革の特徴を見ていきたい。

1　ナショナル・テストを廃止したウェールズ

ウェールズの教育改革の全体像

ウェールズでは分権化後、ウェールズ地方政府教育庁のジェーン・デビッドソン長官の「決断」が一連の教育改革につながったと、同庁の担当者は述べている。(1) すでに、二〇〇一年に教育庁から出された白書『ラーニング・カントリー』において、基本方針となる提案が示された。それは、その後の改革を方向づけるものであった。

・三歳から七歳までの子どもたちを対象とする新たな基礎ステージでは、「遊びを通じた学習」に焦点を合わせる。

・七歳時のテストは行わず、児童の発達は教師によって評価される。

・二〇〇三年秋までに、中学校の学級人数は三〇人以下に減らす。

・二〇〇七年秋までに、初等学校で二五人以上の学級をなくす。

・初等学校から中等学校への移行措置を改善する。

・一一歳～一四歳段階の「リテラシーおよびヌメラシーのストラテジー」(学校における毎朝の短時間の英語および数学のドリルの時間）をなくす。

・従来からのコンプリヘンシブ・セカンダリー・スクール（総合制中等学校）を強力に支えていく。

・民間セクターが新たに学校を設置することを認めない。

・イングランドでさかんに導入されつつあるスペシャリスト・スクールやシティ・アカデミーは、ウェールズでは認めない。

・ウェールズの「大学入学資格」では、イギリスの一般国定職業資格（GNVQs）におけるASレベル、A2レベルだけでなく、ウェールズのアイデンティティと文化、地域社会に見合う職業能力、教養、言語能力（とくにウェールズ語）を視野におさめる。ACCAC（ウェールズのカリキュラム局）には、そのための教育開発計画の推進を求めていく。(2)

特徴としては、①ナショナル・テスト廃止に向けての動き、②地域のコンプリヘンシブ・スクール（総合制中等学校）を守り、その「掘り崩し」――民間委託化や多様化――に反対する方針、③中央の教育改革にかわるものとしての職業準備教育と資格付与、④ウェールズ固有の言語や文化の重視、が見て取れる。

第一の点については、七歳段階、キーステージ1のナショナル・テスト廃止は、以後のナショナル・テスト全体の廃止につながっていったことが特筆される。これは全体として、実際に子どもに接する教師たちの意向、教職員組合の要求を強く反映したものであったとされる。ウェールズ最大の教職員組合、全英教職員組合（NUT）ウェールズは、中央政府のあるイングランドの教職員組合と組織をともにしており、NUTとしてナショナル・カリキュラム・テスト反対運動で共同歩調をとってきた。

当時の全英教職員組合（NUT）ウェールズのレイヴィス書記長は、次のように述べている。「われわれは、七歳段階のテストが廃止されるというニュースに接して大変にうれしかった。われわれはウェールズ政府が最後には、教師たちの声に耳を傾け、現場教師が社会で果たす役割を評価したことを大いに歓迎する。」(3)

その後、二〇〇三年六月、ウェールズ教育庁長官は、ウェールズ大学のドーエティ教授に、キーステージ2及び3の最後に生徒に課されるナショナル・テストについての研究を委託した。教師二名、校長二名、地方教育当局一名、保護者一名、研究者三名、ウェールズ政府関係者一名、ウェールズ・資格カリキュラム評価局（ＱＣＡＡ）および Estyn（教育水準局に代わって新しく作られたウェールズ独自の学校査察機関）各一名からなるドーエティ評価研究グループが結成された。同グループは、多くの教職員組合関係者からも意見を聴取した。

テストの実態については、「学校の授業がテストのための学習になっている」「子どもたちが強いプレッシャーを感じている」など、多くの問題点が指摘された。[4] 二〇〇四年一月、ドーエティ評価研究グループの「ドーエティ・リポート」が公表され、それが、その後のウェールズのキーステージ2、3（一一歳、一四歳）のナショナル・テストの廃止へとつながった。また、並行して独自の教員による評価やカリキュラムのあり方も検討された。

それまでの五年間の改革を総括して二〇〇六年に出された白書『ラーニング・カントリー2』においては、「七歳（二〇〇〇年）、一一歳（二〇〇四年）、一四歳（二〇〇五年）の段階のナショナル・テストを廃止した」[5] ことが、「達成」の一つとして挙げられている。

全英教職員組合本部のカレン・ロビンソンは、「ドーエティ・リポート」が、教職員組合や行政関係者だけでなく、市民、保護者にも信頼を持って受け止められたことが、キーステージ2、3のテスト廃止につながったと述べた。ただし、ウェールズの保護者は廃止を支持したのに対し、イングランドの保護者は、「テストが〝過多で重すぎる〟とは思っても、その態度は賛否が相半ばして廃止にまではいかない。また、それは必ずしも階層による相違とは言えない。階層が高い保護者であってもテストが子どもに負担、と思う層はいる。逆に、テスト『結果』によって学校の情報がもたらされる、と受け止める保護者もいる」[6]と述べ、ウェールズとイングランドの保護者の態度との違いを指摘している。

第二の点については、ウェールズ政府は、地域の平等な学校であるコンプリヘンシブ・スクール（総合制中等学校）を守り、民間委託やスペシャル・スクール化といった中央の「改革」方針に反対している。コンプリヘンシブ・スクールとは、歴史的に、労働党政権下で、かつて階層別に複線化されていたイギリスの中等学校を統合化してつくられた「階層、人種、およびジェンダーにおいて平等な学校」である。特にウェールズは、コンプリヘンシブ・スクール制度がよくマッチしている地域である、とウェールズ地方政府は述べている[7]。

南部の海岸地帯においては、かつて石炭の積み出し港のあった首都カーディフなどに人口集中地域があるが、炭鉱産業が栄えた北部の丘陵地帯は、小規模な町が散在していて生徒数も多くないことから、地域にあるコンプリヘンシブ・スクールが地域の学校としてうまく機能しているという。

ウェールズ地方政府のジェフ・ジョーンズ報道官は、「私は、教育庁長官がコンプリヘンシブ教育を強力に支えるとしたことを喜ぶものである。……スペシャリスト・スクールやプライヴァタイゼーションはここでは必要ない」と述べている。また、当のジョーンズ教育長官は、二〇〇二年段階で、「もっぱら民間など地方政府以外のセクターに学校教育をゆだねるということは、けっして試されずみの方策ではない。これを大規模に実施することは、非常にリスクが大きいと言わざるをえない。一方、我々には、ウェールズに非常によくマッチしてきた、誇りにたるコンプリヘンシブ・スクールがある。私は、私的セクターがウェールズで教育を提供する役割を果たすとは信じられない」と述べている(8)。

この時期、中央ではブレア首相が、中等学校段階の改革を進めており、一九九八年に専門化された中等学校である最初のスペシャリスト・スクールが開校され、二〇〇二年には最初のシティ・アカデミーが開校されていた。

シティ・アカデミーとは、アメリカのチャーター・スクール制度をモデルにしたとされるブレア首相の肝いりの「改革」である。それは、民間のスポンサーを招き入れた公立学校、言わば、公教育の民間委託の一形態といえる。スポンサーは開校時に開校資金の一部（約二〇パーセントといわれる）となる二億ポンドを出資し、その後、公的な学校運営費の供出を受けながら、学校運営に関わることができるのである。教育水準局による学校査察の「評価」が継続的に低い、大都市部の貧困地域のコンプリヘンシブ・スクールなどが、学校改善のためにシティ・アカデミーに置き換えられるケースと、新しい学校が開校されるケースがあるが、前者が圧倒的に多い。

開校時に巨額の投資がされることにより、普通の公立学校と比較して条件整備やIT機器などが充実した学校が多く、また教育内容も、企業経営やテクノロジーなどに専門化された学校が多いのである。それによって、地域の平等なコンプリヘンシブ・スクールの「掘り崩し」が図られる、といった批判が教職員組合等から行われている。

しかし、同時期にウェールズでは、それらの新しい制度を導入せずに、公的部門としての従来のコンプリヘンシブ・スクールを守っていく方向性が確認されていたのである。

青年たちに職業教育と資格の重視を

第三の点として、国家レベルでの教育改革に対抗する、中等学校以上における職業準備教育とウェールズ独自の「資格」および「大学入試資格」が整備されていったことも特徴的であった。

ウェールズはかつての石炭産業を中心とした地方産業が、サッチャー改革以降大きな打撃を受けた。炭鉱は閉鎖され、現在は従業員五人以下の事業所が九五％を占めるなど、主たる産業を欠いた経済的な停滞状況が続いている。ヨーロッパの他の先進地域と比較すると、一人当たりGDPはイギリス全体が約一万二〇〇〇ユーロ、アイルランドは約一万三〇〇〇ユーロ以上であるのに対し、ウェールズは約九〇〇〇ユーロと約四分の三にとどまり、失業者・無業者の割合はイギリス（連合王国）の中で上位に位置する[9]。

そのような状況の中で、ウェールズの青年にイギリスの他地域、さらにはヨーロッパや世界で就職できる力、あるいはより高度な教育を受けていく力をつけていく、という目標を掲げて、一四歳以上の職業準備教育、およびウェールズ固有の「資格」および「大学入試資格」取得が重視されるようになったのである。

ウェールズ地方政府教育庁による職業教育計画である「ラーニング・パスウェイ14―19」

（二〇〇四年に第一版、二〇〇六年に第二版）は、その目的として、「二〇一五年までに、九五％の青年が、二五歳までに、高度に熟練された雇用か高等教育の準備ができるようにする」[10]ことを掲げている。その内容は以下のようなものである。

すべての青年は、この「ラーニング・パスウェイ」のコースに登録する権利が与えられる。それは、以下のような、六つの重要な要素をふくんでいる。「①個々の学習の道筋（パスウェイ）、②より広い選択とフレキシビリティ、③学習のコア（あらゆる一四〜一九歳が、彼らのパスウェイで必要とする、技能、知識、理解、価値及び経験からなるより広い学習）、そして、次の段階から地域社会への参加が重視されるようになり、④学習コーチによるサポート、⑤個人的なサポートを受ける機会、⑥職業の情報、アドバイス、ガイダンス」が与えられる。

青年が個々の選択に応じて、地域社会でのネットワークを通して、学習コーチによるサポートを受けながら職業準備教育を行うことができるのが特徴である。二〇〇六年における、この五年間の「達成」として、このラーニング・パスウェイによって「一四歳から一九歳までを対象とするネットワークが、各地方当局エリアに確立されてきた」ことおよび、「各地方当局エリアで、青年との協力関係を創出してきた」ことが挙げられている。また、独自の「大学入試資格」については、二〇〇六年までに、三一校の学校とカレッジでウェールズ固有の「大学入試資格」に向けたパイロット事業が導入されたことが、「達成」とされている。このような職業準備教育や資格付与によって、青年がウェールズのみならずヨーロッパや世界の市場で職を得ていくことが期待されたのである。

第四に、分権化以降の、公教育におけるウェールズ固有の言語と文化の重視が挙げられる。ウェールズでは、元来、英語とはちがうケルト民族のウェールズ語が広く用いられてきたが、分権化後はすべての公用文書は、英語、ウェールズ語の二言語で出されるようになり、公教育でもウェールズ語教育が重視されるようになった。すべての公立学校で、ウェールズ語での授業がもたれるようになり、ウェールズ語を主体とした学校が二校設けられた。「ウェールズ語の上達、ウェールズ語での教育を向上させるべく、ウェールズ語の集中教育ふくむパイロットプロジェクトを実行してきた」ことが「達成」として挙げられている。

それ以外にも、イギリス教育水準局（ＯＦＳＴＥＤ）による中央の学校査察から外れて、独自の機関（Ostyn）による学校評価を二〇〇四年から開始したこと、および幼稚園、小学校の学級定数が縮小されたことなどを、ウェールズ教育庁は五年間の「達成」事項として挙げている。

いずれにせよ、このように、ウェールズでは、地域自体の文化やアイデンティティを尊重し、地域に依拠した公教育を維持する改革が進展してきた。

しかし、地方政府は、グローバル社会の中で国際的な労働力となる「人材」育成という視点に言及してはいるものの、そもそもグローバル社会でも求められる「人材」とは具体的にどのようなものでなければならないのか、ウェールズの地域経済復興の可能性にむけて教育改革がうまく機能していくのか、といった疑問は残る。職業準備教育も、地域の産業と密接に結びついてはいるものの、徒弟制度的な訓練といった印象を受ける。

2　ウェールズ以外のイギリスでは
――シティ・アカデミーの拡大と問題点――

同時期に、ウェールズ以外のイギリスでは、中等学校へのスペシャリスト・スクールおよびシティ・アカデミーの導入が進められていた。一九九八年に導入された、スペシャリスト・スクールは、二〇〇四年に全国で一九五五校となったが、その専門のうちわけは、テクノロジー（数学、科学及びデザインのテクノロジー）が五四五校、アートが二八三校、スポーツが二八三校、科学が二二四校、言語が二〇三校、数学・コンピュータが一五三校、ビジネスおよび企業が一四六校、その他、となっている。伝統的な製造業や鉄鋼業から、情報、金融、アート、サービス業など新しい産業構造の転換に応じた専門性が見て取れる(11)。

シティ・アカデミーについては、ブレア首相は、当初、二〇一〇年までには二〇〇校を開校することを宣言していたが、今日までにシティ・アカデミーは四七校（うち二九校はロンドンに集中している）に増え、さらに準備中のシティ・アカデミーが八二校に達している。新設校は全国で七校のみで、他はすべて既存のコンプリヘンシブ・スクールやコミュニテイ・カレッジが置き換えられたものになっている。その専門性は、「企業、経営、ＩＣＴ、テクノロジー、スポーツ、アート、デザイン」、それぞれの組み合わせに集中しており、スペシャル・スクール同様に新しい産業構造に対応したものになっている。一部のシティ・アカデミーは入学希望者が集中し、結果的に入学者「選抜」が行われていることに対して、批判も生じている。一方、ロンドン市内の貧困地域では、コンプリヘンシブ・スクールからシティ・アカデミーへの移行に対して保護者や地域住民、教職員が反対したために紛争化しているケースもある。(12)

拡大しつつあるシティ・アカデミーに対して、全英教職員組合からは次のような批判が加えられている。第一に、企業（必ずしも教育に関わらない）や宗教団体を含む民間のスポンサーが、学校をコントロールする権限を得てしまうこと、第二に、公平な入学者「選抜」を脅かす可能性があること、第三に、それゆえに、「優秀」な生徒を近隣の公立学校から奪い、また、財源が集中することなどから、近隣の公立学校や地方教育当局にダメージ与えることになること、第四に、地方教育当局の傘下から国の傘下におかれるため、教員の労働条件や給与体系が従来のものから外れ、悪化する可能性があること、また教員組合の関与から外れてしまうこと、第五に、必ずしも良質の教育サービスを与えているわけではないこと、などである。(13)

同様の批判は、やはり企業を含む民間の主体が「公立」学校を運営するアメリカのチャーター・スクール制度に対しても見られる。しかし大きく異なる点は、アメリカのチャーター・スクールが初等教育段階で最も発展したのに対し、イギリスのシティ・アカデミーが中等教育レベルに集中し、新しい産業構造にダイレクトに対応した専門性を掲げていることであろう。それは

「人材」養成や雇用をより配慮した制度として構想されていると思われる。

おわりに
――ウェールズはグローバリズムに対応した人材養成を行うことができるのか――

ウェールズの教育改革は、地域性や共同性を重視し、テスト体制を廃止することによって、子どもの人間性やトータルな発達を損なわないものをめざしていると思われる。教職員組合の関与が大きいことも特徴的である。その上で、さらにグローバル社会に対応できる人材養成を模索しようとしている。しかし、それが、具体的にどのようなものになるのか、地域経済復興にどのように寄与できるのか、課題は大きい。

他方で、産業構造の転換に成功し好景気が続くイングランドで、新しい「人材」養成を掲げたニュータイプの学校が受け入れられる土壌はあると思われる。ただし、競争の中で、子どものトータルな発達や共同性が損なわれるという批判はつきまとう。

いずれにせよ、イギリスの「改革」を後追いしようとする日本において、産業構造の転換に成功していないほとんどの地域はすべて「ウェールズ」と共通する問題を有するといえよう。だとしたら、安易に新自由主義教育改革に乗ってしまったら、損なわれる価値は大きいのかもしれない。

(1) ウェールズ地方政府、ロジャー・パルマーへのインタビューから、二〇〇六年九月八日。

(2) Clyde Chitty, *Education Policy in Britain*, 2004, Palgrave Macmillan, pp.12-13.

(3) Clyde Chitty, *op. cit.*, p.113.

(4) Welsh Assembly Government Department for Education, Lifelong, and Skills, Daugherty Assessment Review Group, *Interim Report Learning Pathway Through Statutory Assessment :Key Stages 2 and 3*, 2004. 参照

(5) Welsh Assembly Government Department for Education, Lifelong, and Skills, *The Learning Country 2*, 2006. p.2.

(6) NUT本部カレン・ロビンソンへの聞きとり調査より、二〇〇六年九月六日。

(7) ウェールズ地方政府、テリー・ウェイルズへのインタビューから、二〇〇六年九月六日。

(8) ジェイン・ダヴィドソンへのインタビュー記事。*Education Guardian*, 2002.

(9) Welsh Assembly Government, *A Vibrant Economy*, 2006.

(10) Welsh Assembly Government, Department for Education, Lifelong, and Skills, *Learning Pathways 14-19 Guidance 2*.

(11) Welsh Assembly Government, Department for Education and Skills, *Five Years Strategy for Children and Learners*, 2004. pp37-47.

(12) ロンドン、イズリントンにあるコンプリヘンシブ・スクール「イズリントン・グリーン」のシティ・アカデミー化をめぐって二〇〇五年から紛争化している。

(13) National Union of Teachers Academies, *Looking Beyond The Spin*, 2006. pp2-5.

第11章　新自由主義教育改革への対抗軸

1　アメリカにおける学テ体制への対抗軸

学テ体制に対する対抗軸として、何が想定できるのだろうか。一斉学力テストを中心とする教育改革が先行しているアメリカにおいて、いわゆる「学テ」体制への対抗軸となる層、言い換えれば学テによって何の恩恵も被らない層について、以下の四つが挙げられている。

第一に、貧困層、マイノリティ、第二に、学校管理職、教師、教職員組合、第三に、「ハイパフォーマンス・コミュニティ」と称される、すでに既存の公教育に満足している保護者、地域住民、そして、第四に、テスト教科以外の教科関係者、すなわち音楽、体育、美術やマイノリティの文化に関わるもの等である。(1)貧困層、マイノリティについては、「客観的」とされるテスト結果によって意図的に社会の底辺に張り付けられ、予算や条件整備も手薄くされる対象となる。また、教師は教育の自由を侵害され、テスト「結果」によって評価の対象とされることによりデメリットを被る。

「ハイパフォーマンス・コミュニティ」とは、テスト導入によって公教育の質が低下するのに反対する父母・住民であるが、例として州一斉テスト導入に対する反対運動があったボストン市のケースが挙げられる。テスト教科以外の関係者は、トータルな子どもの人格形成にとって必要であるにもかかわらず、授業時間数を削減され社会的に軽視される傾向にある。ただし、日本の場合、体育は、必修化された武道や心と体の関係重視など、道徳的要素が強まっており、むしろ教育課程の中で強調される傾向にあるのは、英米とは異なっている特徴といえよう。

これらの対抗軸のうち、「教師、教職員組合、学校管理職」と「ハイパフォーマンス・コミュニティ」は、アメリカの場合、必ずしも共同的な関係になることが想定されていない。アメリカの教職員組合は労働組合的なカラーが強く、必ずしも教育専門職としての機能を重視してはいない。

しかし日本の場合、かつて六〇年代の全国一斉学力テストにおいては、教師、教職員組合が保護者、地域住民と共同して反対運動を形成してきた歴史がある。例えば、最高裁学テ判決を導き出した旭川訴訟では、教職員組合の学テ反対を支援する地域の労働組合の青年たちが、中学校でテストを実施しようとした校長の行為を阻止した際に、公務執行妨害を問われたものである。

最高裁判決までの一五年にわたる裁判闘争においても、教職員の教育活動を支援する地域の保護者や市民の長く広範な支援運動が存在した。学テが、教師の教育の自由を侵害するのは、六〇年代も今日の学テも共通している。

そのような、教職員と保護者、地域住民の共同が実現することが、学テ体制に対する対抗軸として有効であることは、六〇年代学テ闘争に学ぶ点である。しかしながら、今日このような共同を実現することは非常に困難であると思われる。

その理由としては、第一に、教職員に対する管理の強化が挙げられる。日常的な事務仕事の増加や休業の削減などによる多忙化、昇給や昇進と結びついた行政、管理職による教員評価などにより今日の教職員はがんじがらめにされている。企業経営的な学校経営システムにより上からの方針に対する批判や反対行動も容易ではなくなっている。例えば、二〇〇四年に東京都のベッドタウン東久留米市の小学校において、保護者、地域住民とともに統廃合反対運動に参加した教職員は、統合阻止後、ほとんどが他自治体へ異動を余儀なくされ、あるいは管理職による嫌がらせを受け退職者も出すことになった(2)。

第二に、今日、保護者と教職員の分断的な政策が取られている。例えば、保護者に無記名で教員の教育実践等について自由に「評価」させ、特定の教師をバッシングすることによって教職員と保護者をあえて分断していくような学校評価制度も出現している。

また、モンスターペアレンツと称されるような保護者の形にならない教育要求を揶揄し、〝親学〟など、保護者を指導の対象として、保守的に再編していくような政策もとられている。

第三に、そもそも保護者同士、教職員同士が共同できないようにされている。

例えば、かつて保育園や学童保育は、地域の保護者の共同を形成するのに重要な役割を果たしてきた。しかし、企業が経営する民間委託園や認証保育園の増加などにより、その職員が自律性を保障されない場合、保護者の自治的活動を組織していくことは極めて困難になってくる。また、小学校受験や中学校受験の増加、あるいは学校選択制の導入により、早くから地域を離れてしまう子どもたちが増えることにより、地域における子どもたちの関係を基礎にした保護者の共同がきわめて形成されにくくなる。共同の経験を持たない保護者は、学校に対して個別の〝消費者〟としてふるまうようになっていく。

2　対抗軸となる自治体のあり方

自治体が学テ体制に対抗していくためには、それに与しないことが最も有効である。アメリカにおいては、例えば、マサチューセッツ州では学年制を取っている全ての公立及び私立の学校が州一斉学力テストの対象となった。学年制をとっていないわずかな私立学校だけがそれを免れたため、学テに批判的な保護者が積極的にそのような学校を選択する事態が生まれた。

学テに参加しながら、自治体として学テ体制に対抗的なケースとして、ミシガン州バーミングハムの教育委員会が挙げられる。バーミングハム市は、デトロイト市郊外に位置する階層の高いベッドタウンである。

ミシガン州では、州一斉学力テスト体制のもと、学校の教育内容の民間企業による〝パッケージ化〟（学テで点数が取れる教材を民間企業が開発し、公立学校を含む学校や教育委員会がそれを購入して使用する）が進展する傾向が見られた。また、公教育の民間委託の形式であるチャーター・スクール運営に民間企業が進出し（ミシガン州の場合、七〇％以上が企業によって経営されるチャーター・スクールであった）、テスト対策をアピールして入学者を集める傾向も見られた。

そのような中で、バーミングハム市教育委員会は、徹底的な教育行政への住民参加のもと、例外的に自治体独自の教育内容を自前で研究・開発し、教師の専門性の開発を重点的に行った。他自治体に比較して多くの資源を教師の専門性開発に注いでいったのである。(3) これは多分に教育長のリーダーシップによるものであった。住民の階層が高く、テスト結果も相対的に高いこともあり、教育委員会の方針は住民に支持された。その背景には、かつて地域の私立学校と公立学校が生徒獲得競争をする中で、公立学校の質を高めることに対する住民の合意ができ、住民参加でそれが進められてきた、という経緯があった。

日本において、二〇〇七、〇八年と全国学テに参加せず、学テ反対運動の唯一の急先鋒となった犬山市のケースも、副教本など自治体独自の教育内容の開発、子どもが主体的に学ぶ授業をめざす少人数学級、〝教師自身の自己評価や同僚同士の相互評価や助け合いによる日々の授業改善の積み重ねによって実現される〟教師の資質能力の向上など、バーミングハム市のケースと似通った特徴が見て取れる。(4) 学テ体制に与せず、教育の地方自治、住民自治の実現がめざされたものであり、学テ体制にとっては障害となるものであった。

しかしながら、犬山市の場合、あくまで、教育委員会主導であり、必ずしも教職員や保護者、地域住民の強い要求から運動が形成されたわけではない。しかし、学テ参加、全国順位との比較を要求する保護者に対して、教育委員会が丁寧に説明していくなど、対話を通じての共同の可能性を持った取り組みであったと思われる。

3 地域の学校を守る
——保護者、地域住民、教職員の合意形成——

日本において、保護者、地域住民および教職員の共同が実現し得たケースとして、学校統廃合反対運動の例が挙げられる。その中でも、宮城県仙台市と東京都文京区のケースは最も成功したケースといってよかろう。

全市的な運動で統廃合を阻止——仙台市

仙台市では、二〇〇五年に一一小学校・六中学校を対象とする統廃合計画が教育委員会から提示されたが、保護者、教職員、市民らの全市的な運動により阻止された。

同市では、二〇〇二年に全国に先駆けて「学校二学期制」が文科省から出向した教育長により、内容が明らかにされないまま強行的に導入されたことへの反省から、続く〇四年の学校選択制の導入計画に対しては、市民、教職員サイドから疑問の声が上がった。すでに学校選択制を導入している自治体である品川区などのデメリットについて学習の機会を持ち、運動によってデメリットをも考慮した市民アンケート実施にこぎつけ、選択制導入を阻止することに成功している[5]。その際、地域を超えたネットワークが結成され、そこで地域の学校の価値が確認されたことが、統廃合反対運動の成功にもつながったと思われる。

教育委員会は、二〇〇五年「仙台市立小・中学校適正規模検討委員会」を設置し、「小規模校は教員配置に問題が生じる」「人間関係が固定化する」、といった理由から統廃合計画を開始した。仙台市の場合、「一定規模」の基準を「小学校――一二学級以上」「中学校――九学級以上」とおき、それ以下を統廃合対象とするという極端なものであった。他の自治体では、「適正規模」よりかなり少なめの児童・生徒数が「最低規模」「最低基準」（東京都の場合は一五〇～一八〇名が多い）として設定されるケースが多いのである。検討委員会は、小規模校関係者から小規模校についての聞き取りを行い、「きめ細やかな指導が行きとどく」「誰もが行事や活動の主人公になる」といったメリットについても意見聴取していたが、計画ではそれについては触れられなかった[6]。仙台市の基準によると、市内の小二九校・中一一校が対象となり、最終的に小一一校・中六校が「統廃合妥当校」としてしぼられた。

それに対して、該当校である小規模校の保護者、地域住民が中心になって署名・要望書の提出など反対運動を開始した。過疎化、高齢化、農業経営の不安などの中で「地域が学校を支え、学校は地域の核」[7]をスローガンに、現在の充実している小規模校の教育活動を守ろうとする運動が出現した。それは他校へも拡大し、二〇〇七年七月に「仙台の子どもと教育をともに考える市民の会」が反対運動を始めていた各学校保護者らの交流会を開催、一二月には各層による「小規模校の存続を求める地域連絡会」が結成され、町内会、ＰＴＡ、学校関係者を中心にアピール、要望書、陳情などの活動を拡大していった。

その結果二〇〇八年二月、仙台市教委は中学校統合を凍結、小学校も対象を限定するという事実上計画の頓挫を見ることになった。仙台市の大規模統廃合計画が阻止できたのは、地域の学校を守る住民、保護者、教職員など各層の共同、各学校の運動のネットワーク化の成功が大きな要因であろう。

都市計画全般に関わる統廃合計画を阻止――東京都文京区

東京都文京区においても、二〇〇六年小学校二〇校中七校、中学校一一校中四校を統廃合対象とし、さらに公園や区の施設を廃止して新校を設置するなど、都市計画全般に関わる統廃合計画が「文京区立小中学校将来ビジョン素案（骨子）」（学校統廃合）として公表された。その統廃合計画は、「中規模校以上の統廃合もありうる」[8]とし、いわゆる〝ブランド校〟を残そうとするものであった。文京区では中学校のみ選択制が導入されていたが、小学校でも指定校変更制度を利用して保護者は数校の〝ブランド校〟に集中する傾向があった。すでに児童数六〇〇名以上の学校が、さらに統合により九〇〇〜一〇〇〇人規模になることが予想された。

それに対して、統合対象とされた数校の小規模校のＰＴＡら保護者が積極的に反対運動を開始した。文京区の場合、私立中学入試層は半数を超えるが、小学生の八五％は地域の公立小学校に通うことから、「地域の学校を守る」運動として比較的高い階層の保護者もが運動の中心となったのが特徴的である。運動は、他の対象校の小学校・中学校の保護者にも拡大した。それまでの小規模校の教育実践について、保護者らは高い評価をしており、教職員組合の教師たちとも交流を持つことができた。同区では、統廃合計画の直前に保育園民間委託が計画化され、保育園保護者による広範な反対運動が起き、区の職員組合とも連携していた。それは統廃合に反対するＰＴＡなどの保護者層と重なるものであった。

また、公園廃止に反対する区民や町内会・自治会などからも反対運動が起き、それぞれの運動がネットワーク化されていった。区側の計画が、子どもたちの教育のためではなく土地開発公社の不動産売買に絡むものであることも指摘された。結局、統廃合が区長選の争点となり、区長選の結果、統廃合計画は二校の中学校の統合プランを除いてすべて凍結された。

仙台市、文京区の両自治体は、保護者、教職員、住民、そして自治体職員などの共同が個々の学校レベルを超えて実現し、小中学校の統廃合を阻止し得た典型的なケースと言えよう。

4　各層から共同の形成へ

二〇〇八年、東京都教職員組合足立支部は、学校選択の自由化について都内東部地域のＰＴＡ会長にアンケート調査を実施しその分析を行った。また、足立、荒川、葛飾、墨田のＰＴＡ会長に直接、学校選択制について報告してもらい交流をはかった。[9] ＰＴＡ会長は学校自由化によって、「学校間の格差が広がった」五五％、「地域のつながりが弱くなった」五二％、と回答している。一方で、学校選択と統廃合との結びつきについては「どちらともいえない」が五〇％という結果になった。東部地域はもともと学校統廃合が行われてきたために、特に選択制が導入されてから変化があったわけではなく両者は結び付いていない、という認識のＰＴＡ会長も多いことが推測される。

全体的には、学校選択制によって、小規模校がさらに小規模化し統廃合問題が浮上し、子ども会や地域行事への参加が停滞するなど、その弊害が多く指摘された。「選ばれる学校がよい学校」という一般的な評価や、学校の「荒れ」などの一時的な風評の影響を学校がダイレクトに受けてしまうことを懸念する意見も目立った。一方、保護者の中に少数ながら、企業経営的な感覚で学校を見る冷ややかな視点も見られた。[10]

このように教職員組合の教師たちが従来地域の保守層とされるＰＴＡと合意形成していくこと

は学テ体制への対抗軸の形成のためには重要であると思われる。

新自由主義教育改革は、経済政策を目的としてトップダウンで施策を貫徹させるものであるため、学校レベルで教職員、保護者、地域住民、そして子どもが合意形成していく学校自治的な関係が存在することが最も障害となる。子どもの発達、成長の視点から独自に学校レベルで学校運営や教育活動が決定されていくことがあってはならないのである。かつての四七年教育基本法第二条に基づく、教師と子どもの尊敬と共同の関係、すなわち人格的な触れ合いの中で、権力から自由な学校という空間の中でこそ、子どもの人格形成ができるとするような教育実践の在り方も、新自由主義教育改革への対抗軸となるであろう。[11] 今日、そのような共同を再構築していくために以下のような点に留意していくことが重要であろう。

第一に、新自由主義的な「学校参加」制度と、学校自治的な関係を形成する真の学校参加制度を峻別していくことである。これまで例えば「開かれた学校づくり」というスローガンのもとに、教職員を統制し、保護者と教職員を分断するような学校評価制度や参加制度が行われたケースは多かった。新自由主義的な学校評価は「学校の自主性、自律性の拡大」の名のもとに、保護者や地域住民の評価への参加、保護者への説明責任、といったことを根拠に導入されるが、容易に行政による学校評価へと変質させられてしまう。学校選択制なども含む一連の新自由主義教育改革は、保護者にとって権利が拡大するかのように見え〝甘口〟でありながら、教職員と保護者の関係を分断し、トップダウンの施策の導入を容易にしていくのである。新自由主義的でない「学校参加」「学校評価」制度を明確に構築していく必要がある。

第二に、新自由主義教育改革が子どもに与えるダメージを正確に検証し、子どもの十全な成長、発達の視点から、大人たちが共同していくことが求められる。学テ体制のもとで、すでに子どもたちは様々なSOSを発している。そのような子どもの声に気づき、それを受け止めて関係や制度を変えていくことが必要である。

そして第三に、第二の点と関わって、子どもの発達にとっての地域の価値を確認していくことが求められる。それは、今日軽視されているが、例えば田中孝彦氏がフィンランドのケースで指摘するように、一八歳までは徹底的に地域に根づいて育ち、それからグローバルな社会に出ていく、といったような、子どもを根なし草（デラシネ）にしない、子どもにとっての「原風景」を大切にした育ちの在り方は、検証される必要があるだろう[12]。

（1）　Hess, Frederic M. “Refining or Retreating? High-Stakes Accountability in the States,” n Peterson Paule E. and West Martin R., ed., *No Child Left Behind?*, Brookings, 2002. pp.61‐65.

（2）　山本由美「東久留米の学校統廃合の今日的意味」、田中孝彦・山本由美・東久留米の教育を考える会『地域が子どもを守る――東京・東久留米の学校統廃合を考える』二〇〇七年、ケイ・アイ・メディア。

（3）　Birminghan Pubic Schools, *Transitions Strategies for the 21st century,* 2001.

（4）　瀬見井久（犬山市教育長）「地方分権・現場主義の教育改革を」『全国学力テスト、参加しません』二〇〇七年、明石書店、一七頁など参照。
（5）　仙台市学区のあり方に関する検討委員会「仙台市の学区の在り方について（提言）」二〇〇三年。〇二年に実施した学校希望制（学校選択制）について、そのメリット・デメリットを併記した市民アンケートをもとに、仙台市での学校選択制導入を見送ることになった。
（6）　田中元・報告「小規模校の存続を求める地域からの取組――仙台市における学校統廃合問題」、第一七回全国教育研究交流集会五分科会「学校選択・学校統廃合・小中一貫校の現状と問題点」、二〇〇九年三月一日。
（7）　統廃合対象校とされた小中学校の中で最初に保護者が反対運動を起こした仙台市立東六郷小学校の存続を求める会の「要望書」。
（8）　文京区教育委員会「文京区立小中学校将来ビジョン素案（骨子）」。
（9）　橋本敏明「今日の教育改革――学校選択の自由を考える」『〇九年全国教研レポート』、二〇〇八年東京教育研究集会東部の実行委員会で実施した東京東部地区のＰＴＡ会長に対するアンケート調査より（東京都教職員組合足立支部が報告）。
（10）　「同報告レジュメ」四頁、参照
（11）　例えば「教育基本法第二条から出発する教育」をモットーに教育実践を行っている東京都の公立小学校教師の存在がある。
（12）　田中孝彦「なぜ地域に学校が必要か」、安達智則・進藤兵・山本由美編著『学校統廃合に負けない！』二〇〇五年、花伝社。田中孝彦「学校統廃合が子どもに及ぼす影響」、田中・山本・東久留米の教育を考える会、前掲書、一〇六―一一〇頁。

補論

第12章　私立校の教育内容の変更と学校選択の自由
——江戸川学園取手中・高事件判決から——

1　私立中・高一貫進学校における保護者の学校選択権

本件は、進学実績を上げてきた私立中・高一貫校、江戸川学園取手中学校・高等学校（以下、江戸取と略す）の保護者らが、学校法人と校長の対立による校長の罷免（二〇〇四年）によって、それまで行われてきた道徳教育を中心とする同校の特色的な教育内容が行われなくなったことについて、二〇〇五年に東京地裁に対して、在学契約に基づくその再履行と、債務不履行行為による損害賠償請求を求めたものである。

一審では、原告の保護者らは二〇〇六年に敗訴したが、東京高裁に控訴、二〇〇七年の東京高裁判決は、正当な理由のない教育内容の事後的変更は学校選択の自由の侵害であるとし、損害賠償請求を認めた。

最高裁学テ判決において「親の学校選択の自由」は、「家庭教育等学校外の教育」とともに、親の教育の自由の内容として挙げられた。ただし、その時点では、それは、信教の自由に基づく親の宗派立学校選択に由来する、親の価値観に基づいた教育を求める私立学校の選択の自由を想定したものであった。この一九七六年時点の「最高裁学テの読み取り方」の中で兼子仁は、親の学校選択の自由について「公立学校については、子どもの学習権・人間的発達権に対応する親の権利としては、学校選択の自由は多くはそのままではなく、しだいに学校教育参加の自由に昇華していくべきものではなかろうか(1)」と述べている。

江戸取のケースは、私立学校ではあるが、保護者による教育内容の変更拒否といった問題であるがゆえに、ここで言われる学校選択の自由と学校教育参加の自由との関係に関わる問題を内在化させていると思われる。また、今日のように新自由主義教育政策の下、義務教育段階の公立学校において学校選択が拡大されつつある状況で、親の学校選択の自由の適用についていかにあるべきなのかは、一層深められるべき論点であると思われる。

2 「論語に依拠した道徳教育」とその廃止

江戸取は、一九八七年（昭和六二年）の中学校開校以来、「論語に依拠した道徳教育」と称される道徳教育などの独自の教育内容を行っており、また同時期に飛躍的に進学実績を上げ、入学合格者の偏差値も三〇台から七〇台に上がるなど、茨城県有数の進学校となった。同校のA校長は開校時に副校長、翌年から校長としてそのような教育活動の中心的な役割を担ってきた。同校の教育理念は、「世界を築く礎となる人材」を養成するものであり、人格の基礎となる部分を確立させることを重視する教育方針を採り、「心の教育」を重視し、〝求めるものには限りなく与えるが、求めない者には無理に押し付けることはしない〟「プルアップ教育」なども教育理念としてきた。

同校の教育内容の特徴は以下のようなものであった。

第一に、「論語に依拠した」道徳教育が挙げられる。中等部では年間一八回（三五分）、高等部では年間一四回（三五分）の講話形式の道徳教育の授業において、講師が論語に依拠した講話を行い、各生徒に一言一句漏らさないように内容をノートに書き写させる。書き漏らした部分は生徒同士で確認させ清書と感想文を提出させ、校長、副校長、学年部長、担任らのいずれかが返事を書き返却する。年度の終りの全授業の終了後、それぞれ「一三歳の決心」「一六歳の決心」と称した四〇〇〇字程度の作文を書かせ、一冊の本にして編集する。

また、各学級で行われるロングホームルーム（週一回、七〇分）および合同ホームルーム（年間一〇回、一回七〇分）でも、担任が論語に依拠した講話を行い、生徒がこれをノートに記録し感想を書いて提出、教師が返事を書いて返却する、といった道徳と同一のパターンの活動が行われた。合同ホームルームは、同様の活動を、教頭、学生部長らの講話によって学年単位で行なった。

第二に、インターネットでホームページを活用したIT教育が挙げられる。それは、定期試験ごとの学習指導計画や解説を記載したシラバスサイトの活用と、日常的な授業をホームページで再現するネット授業の活用から構成されていた。

保護者らは、学校法人が学校説明会や学校案内で説明した記載事項からこれらの教育内容を知り、その情報によって入学を決定しており、当然そのような教育を期待していた。特に、「論語に依拠した道徳教育」については、江戸取六ヵ年一貫教育の基礎になっており、「集中力」「書く力」「考える力」を養成し、これがすべての教科の土台となり、学力の向上に大きなプラス効果をもたらした上に、仲間作りの機会としても重要な教育効果を持っているなどと大々的に宣伝されていた。さらに、保護者は生徒が入学後、この論語に依拠した道徳教育によって大きく成長したとその教育的効果に満足し、さらなる成長に期待もしていた。

しかし法人と校長の関係は悪化し、二〇〇四年（平成一六年）七月、理事会は「分離独立を画策した」「定年制を導入した」等の理由でA校長の解任を決定した。それに対しA校長は、東京地裁に校長罷免が無効であると主張して地位保全仮処分命令を申し立てたが、同年、「解任ではなくて辞任」などを内容とする和解が成立した。法人側は解任理由として、A校長の経理上の処理の問題をも指摘し、保護者にその旨の手紙を送付している。

その間、A校長の教育方針を強く支持する保護者らと法人との間にはトラブルが起こり、約六ヵ月間の間、学校は混乱した。A校長解任後ただちに、論語に依拠した道徳教育および、「一三歳の決心」「一六歳の決心」は廃止され、ロングホームルーム、合同ホームルームでも道徳教育がおこなわれる回数は減った。ＩＴ教育のホームページの更新も年度途中での突然の校長解任と教育内容変更であったにもかかわらず、学校法人側は、保護者や生徒に対して、十分な説明をせず、これまでのＡ校長の教育方針を批判し、解任の正当性を主張するような言動を取った。さらに新しいＢ校長や教師らは、論語に依拠した道徳教育の教育的効果を否定する発言を行い、保護者の不安を煽り反発を招いた。

保護者らＸ（四二名）は、学校法人Ｙに対し、中止されたそれらの教育活動はＸとＹの間の在学契約の内容であり、Ｙはそれを無断で変更したと主張して、Ｙに対して在学契約に基づく道徳教育等を中心とする教育内容の再履行、および教育内容の変更が、ＸらとＹとの間の在学契約における債務不履行もしくは不法行為を構成するか、またはＸらの学校選択の自由、子の監護教育権（民法八二〇条）が侵害されたとして、精神的苦痛及び遅延損害金の支払いを求めた。

一審の東京地裁は、①在学契約の当事者は生徒であって、保護者である原告らではない、②論語に依拠した道徳授業の廃止等の教育内容の変更は、被告の学校法人Ｙが精神的苦痛を与えたことは確認することができるものの原告らの学校選択の自由を違法に侵害したとまではいえないと判断し、原告らの請求をいずれも棄却している。

3　親の学校選択の自由が争点に

本案に関する争点として、①父母は在学契約の当事者足りうるのか、②父母が本件訴訟で求めている教育内容が在学契約の内容に含まれるのか、③不法行為責任の成否、学校選択の自由は侵害されたのか、が挙げられる。

①の論点について、東京高裁判決は、「子どもの教育という事柄の重要性からして、受益の意思表示が黙示になされたと解することは不可能であるから、在学契約を第三者のためにする契約と捉えることはできない。また教育給付は組織的に統一され、不可分である以上、この給付を受領する権利者（契約当事者）は、生徒か保護者のいずれかでなければならない」と述べ、「被控訴人との間の在学関係の当事者は生徒であり、控訴人ではないと判断する」としている。また②の論点についても一審同様、保護者は在学契約当事者でないので判断するまでもなく、理由がない、としている。

しかし、③の、教育内容の変更によって学校選択の自由は侵害されたのか、という点に関しては「父母らが学校選択の際に考慮した事項が事後的に変更された場合には、学校選択の自由が実質的に無意味なものとなるから……正当な理由がある等の特段の事情がある場合を除き、父母らの学校選択の自由を違法に侵害するものとして、学校に不法行為責任が成立するものというべきである。事後的変更後に再度選択して再受験・再入学することは不可能ないし著しく困難であるから、教育内容の事後的変更は本質的に学校選択の自由を侵害する」として、一審を覆している。

さらに、A校長は退任前にすでに論語に基づく道徳教育を終えていたという被控訴人側の主張に対して、「校長退任前に論語に基づく道徳教育を履修し終えていない」としている。

本件の場合の「正当な理由」の有無については、「A校長の解任後、生徒に対する教育的配慮を最優先に考え、教育現場が混乱しないように努力したと認められないことは上記のとおりである。……またA校長の解任後、学校は、論語に基づく道徳教育は学習指導要領に違反することを理由に変更をしているのであるから、学校には論語に依拠した道徳教育を継続する意思がなかったことは明らかである」「このような理由で同教育を廃止するのであれば、これまで学校を信じて同教育を受けてきた生徒やその保護者らに対し、その理由を十分説明した上、被控訴人の責任を明確にし、生徒や保護者らの不安を取り除き、不満を解消する手立てを尽くすべきにもかかわらず、……このような手立てがなされなかった」「以上によって、論語に依拠した道徳教育の廃止に正当な理由はない」と判断している。

4　判決から読み取れるもの

二〇〇五年の一審判決においては、原告の請求はいずれも棄却されたのに対し、一転して二審判決では、③の不法行為責任の成否、学校選択の自由の侵害の論点において、Xらの学校選択の自由および民法の監護権を侵害したとし、各控訴人に損害賠償請求を認めるものとなった。

①在学契約関係の対象

まず、第一に、保護者は在学契約の当事者足りうるか、という論点については、一審、二審とも、在学契約の当事者は生徒であるとし、保護者は在学契約の当事者足りえないとした。よって、教育内容の履行および損害賠償を求める保護者の請求は、②の争点について判断するまでもなく理由がないとされた。

原告側は、義務教育段階である中学校との在学契約の締結は、「保護者として負担する義務の履行に他ならないから、私立中学校における在学契約の当事者は保護者であるべき」であり、高等学校においては、保護者、生徒のいずれも在学契約の当事者となりうると主張し、義務教育段階とそれ以上の段階の在学関係の法的性格の違いを主張した。それに対して一審は、親に学校選択の自由があるからといって、そのことから、子が入学後の在学契約の当事者が親であるということはできず、「私立中学校及び私立高校を経営する学校法人は……教育に関する給付を受ける主体である生徒との間における在学関係に基づいて、上記給付を行うものというべきであり、被告との間の在学契約の当事者は生徒というべき」と述べている。

在学契約関係については、小学校以上の生徒については、在学契約の当事者は生徒であるとするのが通説及び下級審の裁判例であるとされる。[2] 他方で、義務教育年齢の場合には、保護者が在学契約の当事者となるとの見解も存する。[3] 伊藤進は、「幼稚園と園児保護者との間の幼児保育委託契約との見解」なども例に挙げながら、「在学契約は、学校と学生・生徒間の契約なのか、父母・保護者との契約なのか、双方を包含した契約なのかを考える意味では、問題提起的見解と言える」[4]と、保護者が契約の当事者となる可能性について問題提起している。

先例を見ると、大学あるいは専門学校で、入学前に提示された教育内容が履行されなかったケースにおいては多くの場合、債務不履行や不法行為を訴えた在学契約の対象者が一八歳以上である。[5] 江戸取の場合、私立中学校入学時の契約、というその中間的な年齢であり、在学契約に関して従来の議論を深める可能性を有したケースであったと思われる。ただし、大学や専門学校を退学後に当該生徒が訴えた他のケースと異なり、生徒たちの多くがいずれも将来的に高校卒業時まで江戸取に在籍し継続的に教育を受ける予定であり、原告になることに困難な条件があったために、やむをえず保護者のみを在学契約の当事者として設定せざるを得なかった、という原告側の事情が存すると思われる。

②学校選択の自由の侵害

第二に、保護者の学校選択の自由が侵害されたか、という論点について、裁判所の判断は覆る。一審においては、「父母らが学校選択の際に考慮した事項が事後的に変更された場合には、学校選択の自由が無意味なものとなるから、学校選択の自由による不法行為の成立の余地が全くないとはいえない。父兄に対する説明も不十分で、学校側の姿勢に問題がなかったということはできない。しかし、教育の具体的内容及び方法については、学校と教師に広範囲に委ねられている」と、学校と教師の自由裁量を理由に、教育内容の変更がただちに親の学校選択の自由を侵害するわけではない、と主張された。さらに、江戸取の場合、独自の道徳教育等が変更されたものの、総授業時間数及び授業項目、年間行事については変更がなく、さらに、その後の道徳教育の内容も学習指導要領に沿っており、客観的に見て質的に劣ったものとはいえない以上、Xらの学校選択の自由が違法に侵害されたとまではいうことはできないとされた。

それに対して、二審では、「父母らが学校選択の際に考慮した事項が事後的に変更された場合には、学校選択の自由が実質的に無意味なものとなるから……正当な理由がある等の特段の事情がある場合を除き、父母らの学校選択の自由を違法に侵害するものとして、学校に不法行為責任が成立するものというべきである」としている。

また、本件の場合の「正当な理由」の有無については、前述のように教育内容の変更は学校法人側の運営上の理由による校長解任に端を発したものであり、保護者側に十分な説明もなく、学校に大きな混乱を招いたことから「論語に依拠した道徳教育の廃止に正当な理由はない」と結論付けられている。この点は、在学関係の議論をクリアしなくとも親の学校選択の自由を根拠にして教育内容の一方的な変更などを阻止する可能性を示したといえよう。特に、江戸取のように、本来、保護者や教職員の要求が反映されるべき重要な事項が法人によって一方的に決定され、保護者や教職員の学校参加の余地が見られない極端なケースの場合、有効に機能したといえるであろう。しかしながら、「正当な理由がなければ教育内容の変更は学校選択の自由の侵害になる」という際の「正当な理由」の根拠と範囲についてより明確化される必要性があると思われる。また、濫用されれば学校や教師の自由裁量を規制する可能性も否めない。保護者によって組織化された集団的な教育要求とは異なり、全保護者中の一部の保護者の要求であっても、学校選択の自由は行使されうるのか、といった問題も残る。

最高裁学テ判決において、親の教育の自由の中身として家庭教育の自由とともに挙げられた親の学校選択の自由については、前述のように、元来個々の親の価値観に基づいて私立学校を選択する自由として想定されたものであった。このような教育内容の変更の根拠として用いるためには、上記のような疑問に答える議論の精緻化が必要であると思われる。

最後に付け加えるが、本件で保護者らが要求した教育内容の中心は「論語に依拠した道徳教育」であった。今日、教育基本法改正や学習指導要領改訂などに明確に見られるように、政策側によって学校教育の中で国家主義的な道徳教育が極端に重視されつつある状況の中で、保護者が積極的にある特定の道徳教育を要求したのであれば注目に値すると思われる。しかし、江戸取の場合は実態をみると、あくまで論語のフレーズを用いるなどした人生講話を題材に、書く、聞く、話すといった広範な生徒の活動と、教師と生徒、および生徒同士の密接な交流などトータルな教

育活動を保護者たちは評価したものと思われ、狭義の「道徳」とは異なる点に注意しなければならないであろう。(6)

（1）兼子仁「最高裁学テ判決の読みとり方」『季刊教育法』二一号（一九七六年一〇月）、エイデル、八五頁。
（2）山形地裁昭五〇・八・五判決、『判時』八七三号八三頁、『判時』一九五二号一〇六頁。
（3）加藤永一「学校教育契約」『現代契約法体系』（七）二六一、『判時』一九五二号一〇六頁の注から。
（4）伊藤進『教育私法論』二〇〇〇年、信山社出版、五六頁。
（5）専門学校、大学等で、事前の情報に比して教育内容が不十分などの理由から損害賠償が一部認容されるなどした事例として、大阪地裁平一五・五・九判決、『判時』一八二八号六八頁、東京地裁平一八・五・一九民事部第一四部判決、『判タ』一二三二号二七〇頁、東京高裁昭五二・一〇・六判決、『判時』八七〇号三五頁、などがある。
（6）高橋鍵彌『一二歳からの人づくり——論語で伸ばす学力と徳力——』二〇〇六年、到知出版、参照。これは江戸取の元A校長が「一七年間、教育現場で『論語』に基づいた『心の教育論』として中・高生たちに語り続けた内容の記録」であるとされる。

あとがき

本書は、学テ体制の全体像および最近の改革動向についての書き下ろし（第1章、第4・5章、第11章）および、教育基本法改正直後の二〇〇七年の三つの論文とインタビュー、二〇〇八〜〇九年の論文に、それぞれ加筆修正を加えたものから構成されている。

その掲載誌は以下のようなものである。

第2章――「『学テ』と学校選択制がもたらすもの」、『さいたまの教育と文化』二〇〇七年秋号。

第3章――「新自由主義的な学校統廃合とは何か」、『人間と教育』二〇〇九年春号。

第6章――「始まった学校選択制の見直し」、『クレスコ』二〇〇九年三月号。

第7章――「学校統廃合をはね返す地域の力はどこにあるか」、『月刊東京』二〇〇九年五月号。

第8章――「東京都に見る新自由主義的『教育改革』の実態」、『前衛』二〇〇七年二月号。

第9章――「日本型『教育バウチャー制度』とは何か」、『クレスコ』二〇〇七年六月号。

第10章――「新自由主義教育改革に対抗的なウェールズにおける教育改革――ナショナル・テストを廃止し地域の学校を守る」、『人間と教育』二〇〇七年夏号（なお、同論文を、佐貫浩、世取山洋介編著『新自由主義教育改革』二〇〇八年、大月書店、に収載）。
第12章――「私立校の教育内容の変更による親の学校選択の自由の侵害――江戸川学園取手中・高校事件判決から――」『季刊教育法』二〇〇八年六月号。

これらの仕事をしていたちょうどその時期に、公立中学校の保護者を経験した。中学生はトランスフォーメーション（変態）すると知った。青虫はさなぎになって蝶になるからわかりやすいけれど、人間も見た目以外は同じようなことになる。変身の季節だ。親は最低限のことをしてただ見守るしかない。子育てはむしろ虫育てや花育て、農業なんかに近いものなのかもしれない……と思ったけれど、渦中ではうろたえるだけだった。でも、集団がよければ何とかなっていくのだった。

今、日本の公立学校やその教師たちは、ひどくバッシングを受けていたりする。しかし、思い起こせば、小学校では、子どもたちを合唱大好きにしてくれたピアノの上手な担任、休み時間にクラス全員参加男女対抗「肉弾（ハードな陣取り遊び）」を骨折者が出ても二年間やり続けた担任、中学では、部活も一生懸命だった若い熱血担任、普段はクールな数学教師なのに高校入試より何より合唱コンクールに熱い情熱を注いだ担任、だれ一人管理的でもなく、こんな社会や教育界が困難な状況において、彼らのおかげで子どもたちは仲間を大切にして地域で成長していけた。私たちはまだ、日本の公教育が積み上げてきた優れた文化の恩恵をきっと受けている。これは、東京のある地域だけのできごとではなく、全国どこへ行ってもきっとそんな教師たちに出会える。

だから、集団や共同を破壊する新自由主義教育改革は本当に罪だと思う。だいいち、あんなアップダウンの激しい時期に常に評価にさらされ、それで将来が決定されるとしたら、まともな子どもはやっていられない。子どもは傷つきやすいものでもあるのだ。

そして、何かいいことがあるのか十分な検証もなく次々と進められる改革の中で、教師たちは防波堤になって無理をしているところもある。そんな教師と不安感を煽られて苦しんでいる保護者のためにこの本が少しでも力になればと思う。

最後に、本書は花伝社の柴田章さんに指導教官のようにお世話になって陽の目を見ることができたことを感謝したい。

二〇〇九年七月

山本　由美

山本 由美（やまもと・ゆみ）
東京田中短期大学こども学科准教授
1959年長野県生まれ、東京都練馬区在住。
風の子保育園（練馬区）理事長。
横浜国立大学教育学部卒、東京大学大学院教育学研究科博士課程修了。
専攻、教育行政学。
新自由主義教育改革、特に学校選択制、学校統廃合、学力テストについて批判的なスタンスで調査研究し、それらが子どもに与えるダメージについても検証していこうとしている。

主な著書
『ベストスクール——アメリカの教育は、いま』2002年、花伝社。
『学校統廃合に負けない！——小さくてもきらりと輝く学校をめざして』安達智則、進藤兵と共著、2005年、花伝社。
『地域が子どもを守る——東京・東久留米の学校統廃合を考える』田中孝彦他と共著、2007年、ケイ・アイ・メディア。

学力テスト体制とは何か —— 学力テスト・学校統廃合・小中一貫教育

2009年 8月20日　　初版第1刷発行

著者 ——山本由美
発行者 —平田　勝
発行 ——花伝社
発売 ——共栄書房
〒101-0065　東京都千代田区西神田2-7-6 川合ビル
電話　03-3263-3813
FAX　03-3239-8272
E-mail　kadensha@muf.biglobe.ne.jp
URL　http://kadensha.net
振替　00140-6-59661
組版 ——編集工房インデックス
装幀 ——神田程史
イラスト—遠藤由紀
印刷・製本 –中央精版印刷株式会社

ISBN978-4-7634-0553-1 C0037